二手房销售

从新手到高手

范一鸣 / 编著

FROM NOVICE TO EXPERT

SECOND-HAND HOUSE

中国铁道出版社有限公司
CHINA RAILWAY PUBLISHING HOUSE CO., LTD.

图书在版编目（CIP）数据

二手房销售从新手到高手 / 范一鸣编著．—北京：中国铁道出版社，2017.8（2021.1 重印）

ISBN 978-7-113-22620-6

Ⅰ．①二… Ⅱ．①范… Ⅲ．①房地产－销售 Ⅳ．①F293.352

中国版本图书馆 CIP 数据核字（2016）第 307993 号

书　　名：二手房销售从新手到高手
作　　者：范一鸣

责任编辑：吕　芠　　**编辑部电话：**(010)51873035　　**邮箱：**181729035@qq.com
封面设计：MXK DESIGN STUDIO
责任印制：赵星辰

出版发行：中国铁道出版社有限公司（100054，北京市西城区右安门西街 8 号）
印　　刷：三河市兴达印务有限公司
版　　次：2017 年 8 月第 1 版　2021 年 1 月第 12 次印刷
开　　本：700 mm×1 000 mm 1/16　**印张：**16.25　**字数：**200 千
书　　号：ISBN 978-7-113-22620-6
定　　价：45.00 元

前言

19 世纪法国伟大的军事家、政治家拿破仑说过：“不想当将军的士兵不是好士兵。”其实，每一个职场菜鸟都有一个年薪百万的梦，有谁不想在职场上所向披靡、平步青云，最后完美蜕变成人人敬畏的“常胜将军”？然而，理想是丰满的，现实是骨感的。由于二手房销售的入职门槛低，很多销售人员仅仅通过一两个月的短暂培训就正式走向工作岗位，一踏进职场，才发现自己手足无措，经验太少，考验太多，未来前途迷茫，感觉人生充满了挫败感。其实要想走过人生的“滑铁卢”并不困难，也许你缺少的只是一些销售经验和销售技巧而已。

《二手房销售从新手到高手》涵盖了对房产销售人员至关重要的各种实战技巧。从外在的衣着打扮到内在的礼仪规范、从房源争夺到客户接待、从签单促成到售后服务，全方位地展现了二手房销售员在日常工作中常见的各种问题的应对技巧，具有实战性、全面性和可操作性。此外，本书还传授给大家如何研读客户的心理、探知客户需求，如何深入、高效地和客户沟通，如何提炼房源的独特卖点等多个拿单的技巧，对二手房销售员的专业技能和销售能力的提升大有裨益。

全书共分为 11 部分，69 个小节，每个小节都展示了一个崭新的课题。文章内容采用“正确应对示范 + 情景案例 + 案例解析 + 重点提示”的方式展示了房地产销售员应对各种销售问题的方法、技巧和话术。语言表达生动形象、通俗易懂，彻底摆脱传统枯燥的说教模式，大量启发性案例为大家展示了各种行之有效的操作方案，二手房销售员在实际工作中可随时借鉴应用，真正做到“现学现用”。这本集可读性和实用性于一体的销售训练指南，特别适合二手房中介人员、相关培训机构及有志于从事房地产销售工作的人士阅读使用。

正所谓“腹有诗书气自华”，二手房销售员如果能把书中的销售知识和业务技能烂熟于心，相信你一定能从一名销售新手快速成长为房地产界的职场达人，从此年薪百万不再是梦。

CONTENTS 目 录

新手篇

第一章 二手房销售新手必备常识

第二章 二手房交易流程和贷款办理

第三章 房产销售从礼仪开始

高手篇

第四章　打赢房源争夺战

第五章　赢得客户信任，排除客户疑虑

第六章　研究客户心理，探究他们的真实需求

新手篇

第一章
二手房销售新手必备常识

做好一名合格的销售员，专业知识必不可少。熟练掌握二手房的概念、优势、权属确认及产权到期的处理方式是每一个销售新手的必修课。大家只有掌握了这些必备常识，才能在销售工作中游刃有余，得心应手。

什么是二手房

了解二手房是推销二手房的前提和基础。倘若一个销售员对自己推销的产品都不甚了解，那么如何有力地说服客户产生购买行为呢？下面我们首先为大家普及一下二手房的基本概念。

“二手房”是指已经在房地产交易中心备过案，完成初始登记和总登记的，再次上市进行交易的房产。它是相对开发商手里的商品房而言，新建的商品房第一次交易为“一手房”，第二次交易就成为“二手房”。凡产权明晰（以房屋产权证为依据），经过一手买卖之后再行上市的房屋均可称之为“二手房”。

家境不是太富有的无房一族，可以买一套别人出售的房；而另一些手里有积蓄又有小房子居住的，可以以旧换新，以小换大；而那些一户多房的富裕家庭，也能卖掉自己的多余住房换取收益。这就是二手房的真正由来。

目前二手房住宅市场上的房产名目繁多，叫法不一，看得人眼花缭乱。但从严格意义上来讲，从居民所拥有的房屋产权证来看，二手房可以分为商品房、经济适用房、房改房三种类型。

1．商品房

商品房是指具有经营资格的房地产开发公司（包括外商投资企业）开发经营的住宅。此外，按照法律的规定，这类的住房拥有完整的所有权，包括占有、使用、处置和收益四项权利。业主只要不触犯国家的法律法规，就有自由转让、出租或赠予的权利，他的这些权利不受任何单位或个人的限制和干涉，其收益也全部归个人所有。

但商品房的销售并没有绝对的自由，以北京为例，国家规定北京人购房以家庭为单位，单身限购一套，已婚的限购两套，外地人限购一套。

2．经济适用房

经济适用房是指政府提供优惠政策，限定建设标准、供应对象和销售价格，向低收入住房困难家庭出售的具有保障性质的政策性住房。

这类住房具有经济性和适用性的特点。经济性是指住宅价格相对于市场价格比较适中，它是按建设成本确定的，为中低收入家庭住房困难户供应；适用性是指在住房设计及其建筑标准上强调住房的实用价值，而非建筑标准。这类住宅因省去了工程报建中的部分费用，价格要比普通商品房低，故又称为经济适用房。

相对于商品房，经济适用房虽然可以取得房屋所有权，但它和完全意义上的商品房屋又不太一样，在房屋买卖过程中其所有权会受到一些国家政策的限制。

3．房改房

房改房又称为已购公房，是指城镇职工根据国家和县级以上地方人民政府有关城镇住房制度改革政策规定，按照成本价或者标准价购买的已建公有住房。

房改房又分为成本价、标准价和优惠价三个类型，房屋的类型不同，交易方式也不一样。标准价房与成本价房是指房改中职工家庭购买的单位公有住宅用房，售房单位开出的折扣是以职工的工作年限和所购房屋的实际情况为依据的，成本价房的价格要比标准价房高一些，房改初期购房时多采用标准价购买。

房屋如果是以标准价购买的，那么它的产权分配一般是这样的：单位占6%，个人占94%。在房屋需要进行买卖转让时，必须与单位协商，除补交相应的土地出让金外，还要给予单位相应的效益。单位有权限价出售并享有优先购买权。

成本价购房是以成本价购买的单位住房，购买房改出售的住房的人只能是承住独用成套公有住房的居民和符合分配住房条件的职工。职工家庭具有该类房屋的所有权，可以上市转让或继承，届时需补交土地出让金并按规定缴纳相关税费。

另外，像生活中常常碰到的危改回迁房，根据其产权性质不同可以归入经济适用房或商品房。因农村房屋所有权不属于个人，所以不得出售给集体经济组织以外的人，即外村农民或城市居民，也就是说农村房屋买卖会受到一定条件的限制，它不属于真正意义上的二手房。

情景案例

一天下午，某二手房中介公司来了一位衣着朴素的中年妇女。她神色慌张地要求上前接待的销售员小崔帮她尽早卖一套房子。据这位客户交代，她的丈夫前段时间生了很大的一场病，需要一笔金额巨大的手术费用，她向周围的亲戚朋友都借遍了，但是凑来的钱对于庞大的医疗花销仍然是杯水车薪，出于无奈，她只好想出卖房的主意。最后她语气哽咽地说："求求你们中介公司帮帮忙，我的房子需要尽早出售，我的男人还等着这笔钱救命呢！"

看着这位处境困难的客户，小崔心中也很是难过。为了安抚这位客户的情绪，他连忙点头答应，并且郑重向其承诺："这位大姐，请您放心，我们会第一时间帮您挂牌，加大宣传力度，争取早点帮您把房子卖出去。咱们接下来赶紧了解一下房子的具体情况吧！"

然而，小崔在了解沟通的过程中才发现，这位中年女人售卖的房子不是一般的商品房，而是以标准价购买的房改房。对于此类房屋的所有权并不属于住户一人所有，而是集体和职工家庭共同所有，所以这位妇女并没有单独出售房屋的权利。

于是，小崔赶紧把这一特殊情况告诉她。岂料，女人听完小崔的话急得声泪俱下，一个劲儿地问："怎么我住的房子我自己还不能卖了呢？那我男人怎么办呀？"小崔赶紧一通耐心细致的解释。在得知房屋的产权性质和归属问题之后，女人无不感慨地说道："原来，我们家的大事儿小事儿都是我家男人一个人在操持，所以我啥都不了解，谢谢你们告诉我这些，我赶紧回去找单位的领导商量一下。"

销售员售卖二手房，首先要对各种类型的二手房有一个清晰的认知。案例中，假如销售员对二手房的概念没有一个全面的了解，肯定察觉不了其中的问题，进而会给以后的交易埋下纠纷隐患。

重点提示

1. 一个合格的房地产销售员必须真正了解什么是二手房。

2. 销售员只有对二手房的概念、种类及其产权性质有一个全面的了解，方能顺利地完成销售任务。一个专业知识不过关的销售员，客户是不会为他埋单的。

二手房的五大优点

近几年，随着一手房价格的不断飙升，越来越多的购房者把目光投向了二手房。作为一个房地产销售员，必须对自己所推销的产品以其优势了然于胸。当客户对二手房发出质疑时，销售员便可用这些优势坚定其购买的决心。

第一大优点：安心

对于二手房的户型、楼层、小区环境、人文状况、装修、使用等具体情况，客户可以通过带看有一个直观的了解和感受，而未建成的新房却只能凭空想象，就算能到施工地查看毛坯房和样板房，但客户仍然无法预估房屋后期的使用状况和质量问题，所以往往会有很多的业主在购买新房后，因为房屋质量、面积误差、水电线路问题、物业问题等和开发商讨要说法，有的甚至不得不诉诸于法律解决。所以，二手房的优势就在于客户能通过亲身考察和体验的方式全面了解房屋的情况，从而在很大程度上避免后期的各种问题。

第二大优点：省钱

目前随着城市化的进程不断加快，土地被大量开发，城市的土地资源越来越紧张，相应的开发商的成本也就越来越高，购房者需要承担的房价自然也会高了很多。

但是购买二手房情况就大不相同：一是房价有讨价还价的余地，特别是遇到房东因资金困难急于出售的房子，购房者可以省很大一笔钱。二是，对于房东来讲，自己的房屋成本相对来说并不高，所以在与客户商谈价格的过程中，其心理价位远远低于新楼盘的价位，再加上是二手房，对于买方压价也有很多有利的客观条件。

此外，二手房有一部分为已购公房，居住者享受的是单位的福利待遇，房主在居住时可以享受周到完善的物业服务，但无须承担过多的物业管理费用。这些二手房新的业主入住后，即使交物业费，收费的标准也是很低的，与一手商品房相比可以省很大一笔钱。此外，二手房不用考虑任何的装修费用。所以在性价比上，二手房就比新楼盘要高得多。

第三大优点：省时

一般新楼在开盘后，交房还需要等上很长一段时间。而二手房只需办理完相关手续便可拎包入住，时间不会很长，这就很好地满足了很多客户及时入住的要求。特别对于正在租房的买主来说，购买二手房，还能省下很大一笔租金。

第四大优点：保值增值

一般新房的价格取决于当时当地的房地产市场，甚至开发商会根据自己的开发成本或者楼盘的地理位置，拔高售卖的价格，所以保值增值性相对就要低一些。

二手房则由于价格偏低，相应的保值增值性就要大得多，特别是一些单家独院或房屋年代久远的房子，政府重新规划的可能性很大。再加上二手房的业主市场敏感度不强，所以购买这样的二手房非常划算。

第五大优点：面广

买商品房，可供选择的新盘小区并不多，而买二手房，则可以全城筛选。

这个时候，客户就可以根据自己的需求和经济支付能力来选择。

情景案例

张先生最近在某房地产中介公司看中一套二手房，但是他的未婚妻子王梅却坚决反对，王梅觉得自己新婚之喜就应该买新房当婚房。为此，小两口各执己见，相持不下。为了及早达成交易，销售员小李决定约见王梅面谈一次。

小李：“王小姐，您对二手房有什么样的顾虑？”

王梅：“结婚就意味着新的生活，新的开始。新婚宴尔的，我不想买一个被人住过的旧房子当新房。”

小李：“王小姐，您的心情我完全能理解。结婚是人生的新起点，哪个新娘子不希望自己有一个崭新的漂漂亮亮的婚房呢？”

王梅：“你说得对，我就是这么想的。”

小李：“但是二手房也并不是完全没有可取之处，我觉得目前买一个二手房比新房更适合您。”

王梅：“二手房有什么好的呀？”

小李：“首先，二手房资源丰富，各种户型、地段、价位的楼房可供您选择，您想买什么样的都可以。但是如果买新房的话，本来开盘的楼房数量就有限，再加上过长的交房时间，我觉得等到您结婚的时候，新房未必能拿到钥匙。”

王梅：“这个不要紧，我们肯定会购买现房。实在不行，婚礼推迟一点也没有关系。”

小李：“其实，钥匙的交付问题不足为虑，最重要的是买二手房能帮您省下很大一笔费用。而且二手房是现房，不存在产权问题，您对户型、小区环境、物业服务等各方面条件也能了如指掌。如果买新房的话，会有很多安全顾虑，有的开发商买之前向客户承诺自己的楼盘是大产权，结果迟迟审批不下来，五证不全，导致客户也无法在银行申请贷款，最后陷入两难境地。媒体上就报道了很多业主和开发商的纠纷案，开发商携款潜逃的事件并不少见。”

王梅：“你说的也有道理。”

小李：“所以我觉得您买二手房也是一个不错的选择，既减少了以后生活的压力，还可以省去很多不必要的顾虑。而且您先生看中的这套房子，业主年前才刚刚装修完，要不是因为资金紧缺，他是不会以这么低的价格出售的。有时间我带您看看房屋的具体情况，那套房子房龄不长，所以无论是从外观还是内里都焕然一新。”

王梅：“那好吧，改天咱们约个时间看看去。”

正所谓“尺有所短，寸有所长”。二手房虽然旧，但还是有很多的优势。案例中，客户对于二手房充满了偏见，销售员要做的就是让其认识到新房的不足，二手房的优势。只要阐述充分，有理有据，相信最后一定会建立起客户购买二手房的信心。

重点提示

1. 了解二手房的优势是每一个销售新手基本的职业要求。

2. 销售员只有充分了解二手房的优势，才能有理有据地说服客户产生购买的决定，从而有效地完成销售任务。

二手房权属确认

二手房的产权问题相比新房要复杂一些，弄清其权属问题是销售员的必修课。作为一名二手房买卖的中间人，销售员需要履行好自己的职责，维护好购房者的合法权益，过滤掉那些弄虚作假的房产证书，甄别出房源是否存在抵押、查封、离婚析产、继承、共有权人等状况。此外，还需判断一些单位房屋是否存在侵权的问题。只有确认了二手房的权属问题，才能扮演好这个“过滤器”的角色，进而赢得客户的信赖与肯定。

1．二手房抵押

抵押过的二手房很显然无法保证购房者的利益。销售员可以通过两种方式确认房屋是否被抵押：（1）仔细观察房产权证。一般情况下，房子没有被抵押的话，在房产证的“他项权”（在房主的名字、坐落地址、面积等内容的下方）一栏里是空白的。如果是抵押房，在房产证上都有相关的记录；（2）到房产部门查询相关的档案，以核实房屋的真实情况。

2．二手房查封

有时候业主很有可能因为一些债务问题，导致房屋被法院查封。按照规定，在查封期间不得办理过户手续。所以销售员首先要排除自己所推销的房子出现查封的情况。确认一处房产是否被查封有两种途径：（1）向承办法官了解情况；（2）到房产所在地的房屋产权登记部门查询。

3．二手房析产

如果房屋的产权属于夫妻共有，在离婚时就必须要办理离婚析产手续，进行房屋财产分割。在这种情况下，夫妻双方有任何一方单独出售这套房子都是不合法的。为了避免产权纠纷，销售员首先要搞清楚业主是否处在离异状态，若是离异，则夫妻双方就出售房屋是否达成一致协议。

4．二手房继承

在二手房交易的过程中，有的时候即便是房产证上写着一个人的名字，房子也很有可能不只归一个人所有。比如，业主是一位老人。所以当销售员碰到这种情况，一定要首先确认子女同意放弃继承，然后才能进一步考虑房屋的销售问题。

5. 共有权人。

共有权人是指房产证上有两个或两个以上的产权人，房产证上的人即为共有权人。对待这类的房源，销售员也不能麻痹大意。如果只重视产权证上一方的售房意愿，而忽视其他的产权人，很有可能导致产权纠纷。

总之，房地产中介是购房者的一道安全屏障。在房源收集过程中，销售员需要帮助客户“去伪存真”“保质保量”。如果销售员推销的房屋存在产权问题，不仅会损害购房者的切身利益，而且还有可能使自己卷入不必要的法律纠纷中。

情景案例

客户：“你给我推荐的这个房子靠谱吗？证件齐全吗？”

销售员：“张姐，您放心吧，对于这套房子我们已经仔细确认过了，没有问题，五证齐全。”

客户：“对了，你们核实过了吗？这些证件会不会是假的？”

销售员：“您多虑了。我们是正规的房地产中介，每一处房源都是经过认真审核之后才推荐给大家的。而且每一处房源都不存在查封、抵押、析产、继承等情况，您可以放心购买。”

客户：“你要是这么说，那我就放心了！”

二手房的权属问题和购房者的利益息息相关。销售员只有有效地维护好他们的利益，才能换来自己的利益。案例中，针对客户关切的二手房权属问题，销售员用一个专业者的姿态做出耐心而详细的解释，从而彻底打消客户的顾虑，赢得了客户的信赖。

重点提示

1. 二手房权属确认是二手房交易过程中必不可少的一个环节。

2. 专业知识对于销售员而言至关重要。销售员只有熟记二手房权属认证，才能在客户面前树立一个专业的形象，从而赢得他们的信任。

二手房的后遗症

二手房和新房不同，它的交易是一个烦琐的过程。在二手房买卖过程中，会涉及相关的政策、程序、手续等系列知识。如果销售员稍微一不注意其中的细节问题，就有可能留下一些二手房交易的后遗症。

1. 水表费用问题

在二手房交易过程中，很多客户在办理房产过户的同时，没有及时办理水表更名过户。而按照自来水公司的规定，逾期未交按日加收0.2%的滞纳金，如经30日未缴后，停止供水。这就造成双方之间水费的纠纷。为了避免这些情况的发生，销售员在业主交房前一定问清楚是否付清水费，同时提醒双方及时更名过户。

2. 电路安全及费用

在居民日常生活中，水电是必不可少的。为了避免一些不必要的纠纷，在交房时，销售员要及时提醒客户查验电表是否有移动、改装、线路走向是否正常等，同时告知业主要保留上月的电费账单。

3. 天然气问题

销售员必须告知买卖双方《房屋买卖合同》里写明房价已包含天然气费，并且提醒双方带着身份证到天然气公司办理过户手续。

4. 网费和电话费

销售员提醒业主交房前到电信部门办理截止到交房日的账单，一并结清后，办理过户手续。

5. 协助有线电视过户

销售员提醒买卖双方携有线电视收费凭证和有线电视凭证到房屋所在的街道有线电视站办理过户手续。

为了维护好购房者的利益，也为了避免自己卷入不必要的纷争中，销售员一定要及时地做好提醒和监督工作。只有客户买得安心，中介人员才能赚得踏实。

情景案例

最近，某房地产公司的小刘正在为一件事儿犯愁。这件令他头疼不已的事情是这样的：

张姐今年3月份通过小刘的中介公司买了一套二手房，原本买卖双方商定好8月16日交房，可是由于原房东的新房子还没有装修好，所以不得不将腾房的日期拖延至9月14号。为此，房东还给了张姐1 000元的补偿金。

到了14号，张姐收到房东的钥匙，并且被告知水电煤气都已结清。之后张姐一查，却发现房东的水费欠了有1 500多元。张姐连忙着急地给房东打电话，但是房东却一直不肯接，后来一直关机。万般无奈之下，张姐只好再去中介，寻求当初给她办理业务的小刘解决此事……

俗话说：“当断不断，其后必乱。”案例中，销售员小刘如果能在当时及时地提醒双方办理好水电的过户手续，也就不会有后来的麻烦。

重点提示

1. 二手房交易结束后，买卖双方往往为水、电、燃气等的费用发生纠纷。

2. 为了杜绝二手房的“后遗症”，销售员应该及时提醒买卖双方办理好过户手续。

产权到期后的处理方式

购买二手房之所以便宜，很大一部分原因是因为它修建年代久，房龄老。因此很多思维缜密，考虑周全的客户都会询问销售员关于产权到期的处理问题。销售员如果不知道相关的处理方式，一定会遭到客户的质疑，进而导致信任的缺失，交易的失败。

下面为大家普及一下房屋产权到期后三种解决办法。

1. 重签合同，续缴出让金

土地使用期限届满后，国家如果有收回土地的需要，产权人可以重新办理土地使用权出让手续，签订土地出让合同，向国家缴纳土地出让金。因为我国房屋产权期限是 70 年，现在的房屋还基本没有到期，国家也没有明确的土地出让金缴纳政策，所以只能等到时候根据具体情况而定。

2. 土地和地上建筑物被国家收回，业主得到一定的补偿

这种方法比较简单，国家直接收回土地和土地上的建筑物，对房屋所有者进行一次性经济补偿，房主可利用这笔补偿金重新在别处购置房产。当然，这笔一次性的补偿需要达到房主购置新房的标准，最好根据当前房屋位置、面积、户型以对应的市场价格补偿。

3. 国家收回土地，用类似拆迁安置的办法解决

根据《土地管理法》的规定，我国土地实行的是社会主义公有制。土地公有制的形式也就是土地所有权的形式有两种，一种是全民所有制，即国家所有；另一种是劳动群众集体所有制，即集体所有。所谓70年土地使用年限，是国家以土地所有者的身份授予土地使用权，而房屋使用权是没有期限的。个人购买的房子只要具备合法的产权证，房子就是私人财产，不属于国家。只要房子还在，个人就拥有该房子的所有权。具体的解决办法为，国家将土地使用权收回，房随地走，个人的房屋也被收回，国家在其他地方另建安置住房，并且房主还会获得一定的经济补偿。

房产毕竟是一笔不小的资产，绝大多数的人买房几乎倾尽其一生的心血，所以客户购买之前会打听清楚产权到期后的处理问题。对此，销售员需要把相关的处理方式耐心解释清楚，并且打消其购房前的顾虑，使其尽快做出购买的决定。

情景案例

客户：“小张，这房子花了我们老两口大半辈子的积蓄，买到着实不容易啊！是不是签了合同之后这房子一辈子就是我们的呀？”

销售员：“王阿姨，不是这样的。您家买的这个房子使用年限是70年。按照咱们国家的政策，购房者没有所有权，只有使用权。70年的土地使用权期满后，土地就会被国家收回。”

客户：“什么？被收回？那我们岂不是无家可归了？”

销售员：“王阿姨，您别着急。是这样的，产权到期后土地收归国有，

但地上建筑物仍属业主所有。如果您想接着居住，可再次申请土地使用权，那个时候需要根据当时的地价水平，补交土地出让金。另外，产权到期还有别的处理方式……”

客户：“原来是这样啊！”

俗话说：“不在其位，不谋其政。”客户对自己不熟悉的领域自然没有过多的了解。案例中的张阿姨就很显然对房屋产权到期后的归属问题有一些认识上的错误。因此，销售员一定要全面了解相关的产权知识及到期的处理方式，否则就无法像上述销售员一样流畅地为客户答疑解惑了。

重点提示

1. 产权到期处理方式是二手房销售员必须了解的常识。

2. 销售员一定要熟练掌握产权到期后的三种处理方式，以便客户的“突击检查”。

买卖二手房五大注意事项

二手房销售不是一份简单的工作，所以对销售员各方面的素质要求很高。当然这种综合素质，并不是与生俱来的，更多的是靠后天的努力和点点滴滴的经验累积。下面是二手房买卖过程中的一些注意事项的介绍，可供广大的销售员参考和借鉴。

1. 调整好自己的心态

良好的心理素质是销售成功的关键因素。在销售过程中被客户拒绝是很正常的事儿，如果销售员心态不积极，碰到一点困难就灰心丧气，畏首畏尾，怎么能将自己磨炼成一个精明干练、经验丰富的销售高手呢?

2．熟悉推销的产品和目标客户

房源有什么样的优点和缺点，销售员需要熟记于心；销售二手房采取什么样的营销策略和推广宣传方式，销售员也要心中有数。尤其在客户面前，必须显露出娴熟的专业技能，否则无法取信于客户。

此外，销售员还需熟悉二手房的目标客户。必要时可以把这些目标客户进行分类。比如，哪些是核心客户，哪些是非核心客户，哪些是重点客户，哪些是非重点客户。销售员可以根据不同的标准划分为不同的类型。不同的客户类别需要采用不同的策略和方法。对不同类型的客户所分配的时间和精力也是不一样的。

3．扩展自己的人际关系

据统计资料表明：良好的人际关系，可使工作成功率达 85% 以上。销售同样也离不开人际关系的积累。人际关系网越大，信息量就越大，对于寻找客源和房源都有极大的帮助。一个金牌销售员其业绩有一大半来自熟人，或者是熟人的熟人。

4．掌握销售技巧

在业内，大家有这样一个共同的认知：房地产项目销售业绩 50% 取决于地段，30% 取决于前期定位和规划，20% 取决于销售员的技巧。地段和规划决定了项目业绩的 80%，但这 80% 最终要靠销售员的 20% 去实现。由此可见，销售技巧对于其销售业绩至关重要。大家在实践工作的过程中，要有意识地积累经验，磨炼自己的销售技能。

5．做好售后的服务

一个销售新手常常会通过店面接待和“扫街”来寻找客源，而一个经验丰富的销售高手根本不需要通过这些方式来支撑业绩，他们靠的是好的客户跟踪和服务。优质的售后服务可以建立客户的忠诚度，从而为进一步创造“终身价值”打好感情基础。

二手房销售是一个极具挑战的职业。广大销售员在买卖二手房的过程中一定要注意以上五大事项，不断地丰富和充实自己的销售经验，争取早日蜕变成一个销售达人。

情景案例

小李通过一次偶然的机会接触到了二手房销售行业。刚开始听人家说干销售可以年薪百万元，于是干劲十足。可是等他真正踏入这个行业才发现困难重重，每天他碰到的不是客户的拒绝，就是白眼，有时遇到一些素质不高的人甚至直接对他冷嘲热讽。几天下来，他奋斗的热情几乎被现实泼过来的冷水给浇灭了。正当他受挫准备辞职之时，他同学小勇的一番话彻底改变了他的想法。

小勇是他在一次同学聚会上碰到的。老同学相遇，格外亲切，三杯两盏淡酒下肚，有说不完的话，聊着聊着他们就把话题转移到彼此的工作上来了。在接下来的对话过程中，他得知小勇也是一名销售员，只不过干的是保险销售。小勇的业绩一向很好，每次评比都是公司的第一名，公司为了表彰他突出的业绩，上个月还特意奖励他去泰国旅游了一趟。

小李越听越觉得惭愧，真想找一个地缝钻进去。善于察言观色的小勇看出了他的局促和不安，于是鼓励地说道：

“没事，销售行业本来就是一个挑战性极强的工作。谁刚开始还不吃点儿苦，受点累，有时候心里的委屈一箩筐。我刚做保险的时候，周围的亲朋好友，能躲则躲，很害怕被缠上，可是我从来不在意这些。大大方方地告诉他们我的职业，慢慢地他们发现我并不是那种强行给大家推销保险的人，于是也就不当一回事儿了。久而久之，他们有一些和保险相关的事儿，都会想到我。”

老同学的一番话让小李深受感触，慢慢地恢复了对销售的信心。在讨教销售技巧时，小勇意味深长地说：“赢得好人缘，才有好业绩。你已经卖二手房一个多月了，但是有几个同学知道你是干这个行业的？上个月张磊准备买二手房时，还向我打听有没有这行业的朋友。如果你早点告诉大家你的职业，张磊就直接打电话找你了！”

聚会结束很久以后，小李还在深深回味着老同学的“金玉良言”。他觉得自己在以后的工作中，是应该好好调整一下自己的心态和工作计划了。

案例中的销售员小李，作为一名销售新人，很多细节性的问题还没有注意到，不懂得及时调整自己的心态，不懂得经营自己的人脉关系，于是在买卖二手房的过程中频频受挫，心灰意冷。不过好在有同学的点拨，让他知道问题的所在，从而有了一个全新的开始。

重点提示

1. 买卖二手房是一个复杂的过程，很多细节问题销售员需要多加注意。

2. 在买卖二手房的过程中，销售员需要不断调整自己的心态，拓展好自己的人脉，熟悉自己的产品，掌握销售的技巧，做好售后的服务，这样才能成功打开销售的大门。

第二章
二手房交易流程和贷款办理

能否熟练掌握二手房交易流程和贷办业务是衡量一个房地产销售员业务能力最重要的标准之一。为了更好地赢得客户的信赖，每一个销售员必须掌握二手房交易的流程和贷款流程，熟练各种利率、税费的计算方法，了解国家相关的政策法规，从而帮助买卖双方顺利完成二手房交易行为。

二手房买卖交易流程

“干一行钻一行，才能成为行家里手”。作为一名房地产销售员，二手房买卖交易流程必须熟记于心，这样才能更好地服务于买卖双方。因为二手房在交易过程中手续与新房相比较为烦琐，因此，销售员更要谨慎操作，以防出错。

销售员不可不知的中介二手房交易流程：

1. 客户根据自己的购房需求在房地产中介公司选择中意的房源。

2. 客户选中房屋后，房地产销售员约定买卖双方共同签订《三方协议》，并让客户交纳定金。

3. 客户、业主和中介公司三方会面，买卖双方在中介公司的监督下签订《房产买卖合同》。该合同一签订，这就意味着双方买卖关系正式成立。如果是贷款购房，销售员需要及时提醒买方按约定日期将首期房款交予房主以及将代理费交予中介公司，同时中介公司也要开始为买方办理贷款手续。贷款获得同意发放后，中介公司及时通知双方办理过户手续。如果是现金全款，则省去办理贷款的环节。

4. 按产权转移登记要求，提醒买卖双方需准备规定的资料以备过户之用。

5. 中介公司专职过户员携带客户和业主及相关资料前往地税局办理核税缴税手续。如果可以上市交易，地税局将出具契税、营业税清单，由买卖双方当日缴纳，地税局出具税务收据。

6. 过户员带领买卖双方到房产交易中心办理递件登记和缴税手续。买卖双方分别递交契税、营业税收据和两方所有过户所需的证件，填写《房屋所有权转移登记申请书》，领取受理通知单，并且补齐房屋印花税。此期间，房产交易中心还需对买卖双方所提供证件和缴税情况进行初审和复审，以确保双方的过户条件准确无误。如果出现问题，交易中心将第一时间把问题反馈给中介公司。

7. 中介公司的人员带领新旧业主进行物业交接，即将房屋内水、电、煤气、有线电视等费用结算清楚，最后查验一遍家具物什等。

8. 满 20 个工作日后，过户员通知并带领新业主前往房产交易中心领取新房产证，同时通知旧房主做好领取房款的准备。到此，中介二手房交易流程办理正式结束。

总之，房地产交易是一个非常烦琐的过程，需要注意的细节也有很多，销售员需要一一牢记，如果客户有这方面的疑问，必须第一时间耐心地帮其答疑解答。只有给客户树立一个良好专业的形象，他才能放心地把业务交付给销售员办理。

情景案例

入行 3 个月，销售员李明终于迎来了人生第一笔二手房交易的订单，欣喜激动自然不在话下，可是在高兴之余，他最为担心的还是房屋的交易流程。第一次和买卖双方合作，所以他分外小心。

为了签署合同，李明将买卖双方都约了出来。按照当时三方协商的150万元的成交价格，客户李先生先拿了5 000元定金给了业主张先生。在李明的监督指导下，双方签署了《房地产买卖合同》，同时李明和买卖双方敲定了中介收取佣金和客户付首付的日期。

签署了合同事宜之后，接下来就该买卖双方办理银行按揭了。在银行申请贷款之前，李明及时提醒买方带好身份证、户口簿、婚姻状况证明、收入证明等相关证件，并且详细告知客户银行需实地评估楼宇价格，并审核贷款成数及年限，让其做好与银行签订《购房抵押贷款合同》的准备。然后让客户耐心等待，一般5～10个工作日后即可申请下来。

等银行的贷款发放之后，李明又详细嘱咐了双方过户时需要准备的资料和证件。最后买卖双方终于在中介公司专员的带领下顺利地完成了过户手续。

一系列烦琐手续结束，新旧业主都不由地松了一口气。同时，双方对销售员李明充满了深深的感激，正是因为他及时耐心的引导和专业优质的服务，两人才得以顺利完成房屋的交易。为表谢意，他们决定给李明送上一面锦旗。看着金光灿灿的“专业热情 服务周到”八个金灿灿的大字，李明心里乐开了花，觉得自己以前所有的辛苦都值了。

二手房交易流程是每个房地产销售员的必修课。上述案例中，如果李明不清楚这些具体的交易流程，那么他就无法准确及时地给买卖双方送上提醒服务，更不会获得双方的信赖和赞赏。

重点提示

1. 二手房交易流程是房地产销售最为关键一步，销售员当熟练记忆。

2. 在二手房交易过程中，销售员应该为买卖双方提供及时专业的提醒服务，监督指导他们顺利完成交易和过户手续。

二手房贷款流程和相关政策

购房涉及的金额巨大，有些家庭根本无法一次性付清房款。因此，银行借贷便成为他们最好的选择。为了更好地服务于买房客户，销售员需要清楚地掌握二手房贷款流程及相关政策。

第一，销售员应该清楚客户在申请贷款之前要准备好哪些材料，并且及时地提醒其准备妥当。

所需资料和证件：身份证、户口本、结婚证或离婚证 + 离婚协议或法院判决书（仅限已婚或离婚人士）、收入证明、6 个月内银行流水、贷款银行储蓄卡，同时也要提交购房合同，即《存量房买卖合同》。

此外，销售员需要让客户事先了解银行放贷的一些要求和标准：

1. 银行会查未成年子女名下的房产情况，假如客户是北京户籍，其未成年子女和客户名下各有 1 套房产，即家里有两套房产就超出了限购要求，客户在银行是贷不到款的。

2. 银行对借款人的收入也有明确要求，假如客户名下还有其他贷款，那么月收入要求如下：月收入 =（原有贷款还款月供 + 现申请此笔贷款还款月供）× 2。如果客户现有的收入达到银行的标准，就可以顺利完成贷款手续。

3. 若客户目前是离异状态，其离婚协议上的房屋地址与实际贷款房屋地址不一致，需要到小区所在物业开具证明，证明为同一套住房的地址。

第二，客户把相关的申请资料递交之后，接下来就进入银行对申请贷款房屋的估价阶段。销售员应该让客户耐心等待即可。

第三，银行审批阶段。

审批通过后银行会出具批贷函，向业主证明银行同意放款给购房人，业主可放心将房屋过户给购房人，销售员只需协助银行完成好买卖双方的沟通工作即可。

第四，买卖双方过户之后，新业主到不动产登记部门办理《不动产登记证明》，用以证明此房产上有银行的抵押权，一般银行会交给专门的机构代办房屋抵押事项。

第五，银行放款。

经贷款行同意发放的贷款，办妥有关手续后，贷款行按照借款合同约定，将贷款一次或分次划入购房者所在贷款行开立的存款账户内。

以下是 2016 年二手房贷款政策最新规定，可供广大销售员参考。

借款人要求

二手房贷款根据借款人的人品、职业、教育程度、还款能力、所购住房（包括抵押住房）变现能力等情况确定。具体有以下几点：

（1）男性的实际年龄加贷款年限小于 65 岁，女性实际年龄加贷款年限小于60岁，具有中国国籍，户口不限，且无犯罪或不良贷款记录，有稳定收入；

（2）年满 18 周岁的具有完全民事行为能力、城镇居民常住户口或合法有效的身份证明；

（3）有二手房屋买卖合同，交齐首期购房款；

（4）有稳定的职业与合法收入，信用良好，有按期还款付息能力；

（5）提出贷款申请时，购房者有不低于购房价款 20% 的自有资金；

（6）借款人同意以所购房屋及其权益作为抵押物，或借款人不能足额提供抵押（质押）时，有贷款人认可并符合规定条件，具有足够代偿能力的单位或个人作为偿还贷款本息并承担连带责任的保证人；

（7）所购二手房的产权明晰，符合政府支付规定的可进入房地产市场流通的条件；

（8）所购房屋不在拆迁公告范围内；

（9）所购住房价格基本符合贷款人或其指定的房地产估价机构评估价格；

（10）贷款银行要求的其他条件；

贷款期限

一般在20年以内，且贷款到期日原则上不能超过借款人的65岁的年龄。贷款利率执行人民银行的规定。如遇法定利率调整，期限为1年以内的，执行合同利率，不分段计息；期限为1年以上的，则于次年初执行新的利率。

“胸中藏万壑，笔墨自成章”。只要销售员熟练掌握了这些二手房贷款流程和相关政策，就不怕在今后的业务办理中出现客户询问时自己手足无措的尴尬局面。试问一个无所不知、面面俱到的销售员又有谁会不喜欢、不信任呢?

情景案例

一天，某房地产公司来了一位年近四十的女人，新来的销售员小新热情地接待了她。大妈说她想替儿子挑选一套二手房作为婚房，小户型就好，地段不要太偏，这样儿子上班方便一点。最重要的是挑选的房子能按揭付款，一次性付清全款的房子不考虑。按照这位客户的要求，小新很快为其找到符合她条件的房源。

客户仔细看了一遍小新推荐的房源信息，突然话锋一转，把话题转移到银行借贷的问题上来。她说她很想知道银行贷款具体流程有哪些，不知道麻烦不麻烦。谁知道，这一下真把小新难住了。初来乍到，她对业务知识了解得还不透彻，再加上销售经验又少，一时竟站在那里，不知所以。看着小新手足无措的样子，客户沉思片刻，转身就走，边走边嘟囔："本来我是想问问银行贷款得多久，能不能赶在我儿子结婚之前把这房子彻底定下来，连这个简单的问题都回答不了我，看来这家中介公司不靠谱。"

熟练掌握二手房交易流程是一个销售员最基本的职业要求和职业素养。案例中的小新连这些基本的房贷常识都还不太了解，自然无法取得客户的信任，更无法独立完成销售的任务。

重点提示

1. 二手房贷款流程和相关政策是每一个销售员必须掌握的专业知识。

2. 为了使交易顺利完成，销售员在客户购房之前需要让其熟悉和了解二手房贷款的流程和相关政策。

银行、公积金贷款利息计算

二手房销售离不开银行、公积金贷款利息的计算。因此，对于销售员而言，这是必须掌握的一项专业技能。当客户咨询购房预算和借贷方面的知识时，销售员应该以一个专业者的姿态为其答疑解惑，这样才能赢得他们的信赖。

因为银行利率会随着国家政策的调整而变动，所以下面所列举的利率、贷款比例等只是一个举例，具体的情况要以当时的政策为准。

银行贷款利率分以下几种情况：

1. 1年（含1年）以下贷款利率：4.35%；

2. 1到5年（含5年）贷款利率：4.75%；

3. 5年以上贷款利率：4.9%；

贷款比例分以下两种情况：

1. 买方选择商业贷款购买首套住房，最低首付比例为房屋评估的30%，最高贷款比例为70%；

2. 买房选择商业贷款购买二套以上住房，最低首付比例为房屋评估的50%，最高贷款比例为50%；

公积金贷款利率：

1. 利率：根据2015年10月24日发布的最新贷款利率，其中，住房公积金贷款，5年以下的利率是2.75%，5年以上是3.25%。如果客户是第一次置业，不管他买的房新旧与否都是按新房的利息来计算。一套房可以按基准利率，二套房现在利率要上浮10%了，当然，这个随政策的变动而变动，与银行的贷款规定有关。

2. 贷款方式：第一次置业，买二手房首付也可以达到三成。最低首付比例为房屋评估价的20%，最高贷款比例为80%；如果客户是第二次置业，最低首付比例为房屋评估价的40%，最高贷款比例为60%；

3. 购买三套及以上住宅以及购买商业用房无法使用公积金贷款。

至于利率的计算方式，银行贷款和公积金贷款是一样的，销售员为了工作的便利，不妨下载一个房贷计算器，输入相应的数额就可以计算出来了。

情景案例

销售员王梅在工作的时候曾经遇到这样一位客户，她对二手房贷款存在一些认知误区。在沟通中，王梅很快就发现这个问题，比如房子最后的成交价格为 119 万元，客户只准备了 42.9 万元，即首付款 30% 与过户费的总和，因为她认为剩下的 90.2 万元贷款就可以了。

知道这一预算情况的王梅赶紧给客户解释，新房可以贷 8 成款，但是买二手房却只能贷 7 成款，也就是说客户房贷款贷足了也只能是 65 万元，剩下的 25.2 万元需要自备。听了王梅的一番话，客户差点惊掉下巴，赶忙问这是为什么。

王梅为客户耐心地分析道："买新房首付 30%，剩下 70% 贷款完全可以，但是二手房需要另当别论。因为二手房有个贷款评估价之说，而这个价格不是以成交价格为判断依据的，而是评估公司根据房子的原来购入价、楼层、装修来定的。据说银行为了规避风险，所以评估价格要远低于成交价。因此，这房子单价为 8 686 元，贷款只能贷到 6 500 元。"

客户听后才明白过来，然后无不感激地说："幸好我在买房之前，您帮我把各个流程和用钱的地方都具体分析了一下，要不然等签了合同，违了约，我就只有赔钱的份了。"

销售员熟悉二手房贷款计算方法可以帮助客户有效地规避购房的风险。案例中，销售员王梅正是因为对二手房借贷利率有一个全面的了解，所以才让自己的客户对购房预算有了一个新的认知，及时地规避了签约赔款的风险。

重点提示

1. 银行、公积金贷款利息是随着政府政策的变动而变动的。

2. 在客户下购买决定之前，销售员可以通过银行贷款利率等帮他具体分析一下购买预算，这样在成交过程中可以避免很多不必要的麻烦。

二手房交易税费计算

对于初次置业的客户来讲，可能根本不知道二手房交易还需要缴纳各种各样的税费，因此常常会出现预算超支的情况。因此，销售员应该负责任地告知买卖双方各自需要承担的税种和税费。

其实二手房交易税费的计算很简单，根据以下方法，就能算出买卖双方需要缴纳的税费了。

交易税计算方法

买方：

1. 契税：成交价或评估价（高者）×1.5%（商用用房或大于 144 平方米的税率为 3%）

2. 交易服务费：建筑面积（平方米）×3 元

3. 交易印花税：成交价或评估价（高者）×0.05%

4. 产权转移登记费：50 元（每增加 1 人加 10 元，买家为单位的 80 元）

卖方：

1. 交易服务费：建筑面积（平方米）×3 元

2. 交易印花税：成交价或评估价（高者）×0.05%

3. 土地出让金：成交价或评估价（高者）×1%

4. 分摊费用：成交价 / 总面积 × 分摊面积 ×10%（10 楼以下）成交

价 / 总面积 × 分摊面积 ×20%（10 楼以上）

5. 个人所得税：成交价或评估价（高者）×1%（房改房自用满五年，且是唯一生活用房的免征）

6. 营业税及附加税：成交价或评估价（高者）×5.5%（房产证或购买时契税完税证未满五年）

上述只是介绍税费的计算方法，至于税种和税费的多少，它们还会随着政策和地域的变化而变化。以北京为例：目前房产交易中房屋面积不超过 140 平方米，契税是 1.5%，超过 140 平方米契税 3%，房子不满 5 年需要全额征收营业税 5.5%，按照政府给出的指导价进行缴纳。因此，面对客户关于税费的咨询，销售员要根据当时的实际情况具体分析。

情景案例

李先生想通过中介公司出售一套大户型的房子，该套住房基本情况是：位置在内环以内，建筑面积 124 平方米。这套房子是他在 2008 年以 200 万元的价格买下的，且在他的名下除了这套房子外还有其他房产。这位先生想知道如果以自己预计的 500 万元价格在 2015 年初售的话，应该在交易过程中缴纳多少税费。

根据李先生的提问，中介公司给出了以下的分析和解答：

根据本市普通住宅与非普通住宅的界定标准，李先生的房屋在内环以内，且成交价格总价超出了 450 万元，因此属于非普通住房。按照当时的政策规定计算税费，李先生应纳税费：

营业税（500 万元 −200 万元）×5.65%=169500 元

个人所得税 500 万元 ×1%=50000 元

交易手续费 124 平方米 ×2.5 元 =310 元

共计：219 810 元

二手房交易过程中，买卖双方缴纳税费是必不可少的一个环节。因此销售员必须熟练掌握税费的税种、计算方法及当时当地的一些政策法规，如果没有丰富的专业表现，很难取得客户和业主的信赖。

重点提示

1. 二手房交易税费的计算是每个销售员必须掌握的专业技能。

2. 二手房交易的税种和税费是随着政策和地域的变化而变化的，因此销售员需要以当时的实际情况为计算的基准。

第三章
房产销售从礼仪开始

俗话说：人无礼则不立，事无礼则不成，国无礼则不宁。在竞争激烈的二手房销售市场上，礼仪既是销售员基本职业素养的外在表现形式，又是其在销售行业的立足之本。所以销售员就应该对礼仪有一个基本的认知，时时处处对客户保持一种“敬”的心态，以严格规范的仪容仪表、大方得体的言谈举止赢得客户的好感和信任，为二手房销售工作打好基础。

销售礼仪的本质是一个“敬”字

对于销售工作，礼仪的作用不言而喻。在销售领域，销售员每天都要面对形形色色的陌生客户，那些王牌销售员在这些陌生人面前，既不是雄心勃勃的“王者”，也不是自惭形秽的卑微“乞丐”，而是时时保持一种自尊、自信、和蔼可亲的“朋友”姿态。这种姿态的首先表现形式便是礼仪。

俗话说，“天下大事，必做于细。”销售礼仪实际上是销售工作的第一个细节，这个细节做得好，就有可能给客户留下良好的第一印象，为之后的顺利签单打下良好基础；反之，这个细节有了纰漏，引起客户反感，就很有可能失去这个潜在客户。对金牌销售员来说，恰到好处的礼仪就是自己最直接的名片，由礼仪所形成的第一印象，往往成为顺利签单的关键。

脸色、衣着、握手的力度、对客户的称呼……，在与陌生人交往的过程中，对方通过这些细节所得到的销售员的最初印象就是第一印象。第一印象并非百分百正确，但却总是最鲜明、最牢固的，并且决定着以后双方交往的过程。在短短的几分钟时间内，无论是你说了什么，还是做了什么，在别人的心目中，都会留下烙印。这个烙印，就成为你的符号。这个符号一旦形成，与之后得到的信息相比始终占有压倒性的优势，甚至变成一种“成见”，成为头脑中固有的心理模式。

各种销售礼仪的细节我们在之后的章节会详细介绍，但作为一个销售新手，首先要明白的是——销售礼仪的本质。

“礼者，敬而已矣”，礼仪的本质是尊敬、尊重。一个人是否有尊敬的心，跟他的世界观密切相关。俗话说，“四海之内皆兄弟也”，这并非是一种自欺欺人的套话，而是一种宇宙的实相，只是我们在尘世中迷惑太久，忘了这个现实。明白了这一点，在销售中当你将陌生人看作是真正的兄弟、姐妹时，那种尊敬之心，想要利益对方的心油然而生，而且是自然而然的，根本不需要刻意。这种尊敬之心也会自然而然地表现在脸色、着衣、寒暄等礼仪细节上，让一切接触你的人都如沐春风。

需要注意的是，这种尊敬并非一种谄媚，而是一种平等基础上的互相尊重。有的人错误理解“客户是上帝”的真意，对客户处处迁就，低声下气，近乎哀求，这是不理解“敬”的本质；还有的人在日常生活中比较自卑，一旦做了销售工作为了掩饰自己的自卑感，面对客户便会显得野心勃勃，显得很有“自信”，在心理上“压迫”客户，引起对方不满，这是过犹不及。

总之，销售礼仪的本质就是一个“敬”字，新手要仔细揣摩其中的深意，争取给客户留下良好的第一印象。

情景案例

小李是一家房地产公司的业务员，口头表达能力不错，说起话来滔滔不绝，对业务流程很熟悉，对公司开发的楼盘及相关的服务介绍也很得体，平时也勤勤恳恳，给人感觉是一个有着大好前程的年轻人，而且在业务人员中他学历是最高的，可令人尴尬的是他的业绩总是上不去。

小李自己非常着急，却不知道问题出在哪里。最后经过专家的指点，才恍然大悟。小李性格大大咧咧，不修边幅，对生活中的各种小细节往往不太注意。他的指甲长长的也不修剪，头发经常乱蓬蓬的，尽管上班都穿着西服，但西服里面的白衬衣皱巴巴的，让人看了很不舒服。更令人难以忍受的是，他喜欢吃卷饼，大饼卷着土豆丝、海带、大葱和蒜，吃完后却不知道去除异味。这种大大咧咧的习惯在生活中熟人、朋友都能包容，但在工作中面对的都是陌生客户，他连与客户接洽的第一关都过不去，业绩又怎么可能好呢？

小李的问题很明显，他的不良生活习惯使他在与客户接触的第一时间已经给人留下了不好的印象，让人觉得他不是一个靠谱的人，至少是一个对客户不尊重，对工作不认真，没有责任感的人，这样的人很难有机会和客户作进一步的交往，更不用说成功地签单了。一个对人不尊重的人，别人凭什么尊重你呢？

重点提示

1. 销售礼仪的本质就在一个“敬”字上。

2. 从身心两方面训练自己。心中练习对别人的尊重，同时不断打磨各种礼仪的细节。久而久之便有功夫。

看脸时代，外表是一张无形的通行证

爱美之心人皆有之，外在美总是能最快地抓住人的眼球。来自美国某科研室的一项调查数据显示：同样的职位，那些长得好看的人要比聪明伶俐会办事的人还要多挣 13%。这让人不得不感慨，这确实是一个看脸的时代，外表是一张无形的通行证。

作为一名房地产销售员，客户对你的第一印象相当重要，决定了他对你的信任程度。而心理学家研究发现，七秒种的第一印象可以保持 7 年，一旦形成很难改变。因此，千万不可忽视客户对你外形的直观感受。装点好自己的“门面”，把自身最完美的形象展现在客户面前，这也是销售礼仪的重要一环。

客户的第一印象把握在销售员自己的手里，规范自己的仪容仪表才能与客户连接好思想感情的桥梁。

头发：它最能表现出一个人的精神状态，专业销售员的头发需要精心地梳洗和处理。

对于男性销售员而言，头发宜修剪平整，发梢不能遮盖过耳朵或者接触到衣领，给人一种干净利落的感觉；对于女性销售员而言，禁忌披头散发，漂染夸张炫目的发色，头上也不可“山花烂漫，漫天飞舞”，上班前要梳理整齐，必要时还可涂抹少量定型美发的用品。

耳朵：耳朵内保证清洗干净，不得出现耳屎和污垢。男女均不可带耳钉、耳环。

眼睛：眼睛是心灵的窗户，销售员在与客户交流时，用眼睛可以传递很多信息。明净澈亮、真挚从容的眼神更容易获得客户的信赖。上班之前，要认真清洁脸部，决不允许把眼屎留在眼角，给人一种污秽邋遢之感。女性销售员还可以用化妆品适当修饰眼部。一双妩媚灵动、顾盼神飞的大眼睛容易拨动客户的心弦，赢得更多的好感。

鼻毛：平时鼻毛长的人，拜访客户之前要注意修剪，鼻孔内外不可留有污秽积物，以免客户因为销售员的邋遢形象而心生厌恶。如果有鼻炎、粉刺鼻、酒糟鼻的情况，应该及时就医，以免影响拜访效果。

嘴巴：拜访客户之前，牙齿要清洁干净，口中不可留有异味。女销售员的唇色切忌过于夸张醒目，一张血盆大口会给人一种与职业不相符的感觉。

胡子：男销售员不得蓄留胡须。上班之前，要刮干净，以无胡茬为合格。

手和指甲：销售员的手应该保持清洁干净，指缝不可有赃物。指甲过长不宜，需要修剪平整。涂抹指甲油应该以浅色为主，着色艳丽会给人一种娇滴滴的感觉，与销售员的形象大相径庭。

除此之外，一些言行举止也是一种自身形象的外在表现，像坐下之后不停地晃动双腿、掏耳抠鼻、张牙舞爪、打响指等，都有损销售员自身形象，都会给客户留下糟糕的印象，进而影响到销售工作的进展。

最后要告诉大家的是，长相是天生的，并不是每个人都拥有出众的外表。但是外在美也不仅仅是指长相，一个拥有自信气质和文明举止的人，他的外在同样是美的。

总之，初次见面，给客户留下一个好印象非常重要。销售员一定要注重自己的外在形象，干净整洁的形象是客户购买产品达成交易的先决条件，每一个销售员都应该为自己的外在形象负责。

情景案例

小芳是某房地产中介的一名普通销售员。她入职公司已经有半年之久，但是业绩平平，无论平时怎么努力，其业绩始终和同时入职的小娜相差十万八千里。看着摇曳多姿，业绩突出的小娜，小芳的内心不禁一阵委屈酸楚，不就是长得好看一点嘛！至于一天天的客户都跑她那里去吗？

有一天，公司来了一个穿着讲究的中年女人，小芳眼疾手快，欲上前热情接待，谁知，那客户环顾一周之后，绕过小芳，径直走到正在忙碌工作的小娜身边。小芳顿时又急又气，心里不住地难过：我为什么会这么不受人待见！而刚刚发生的这一幕，正好被一旁的销售主管看见，她走过来语重心长地说："小芳啊，也怨不得客户不选择你，你看看自己，虽然说不上不修边幅，但是总给人一种衣衫不整的感觉，还有你袖子后面的一大片灰尘怎么解释？我不是强调过很多次吗？一定要注意自己的仪容仪表。"小芳随着主管手指的方向看见一大片赃物，顿时羞红了脸。上班的路上不小心摔了一跤，由于怕迟到，就草草拍了一下灰尘，匆匆赶到公司。

当天回家，小芳就好好自我反思了一通。镜子里的自己马尾松松垮垮地耷拉在脑后，素面朝天的她眼大无神，看上去还有几分睡意，衣襟也歪七扭八的不平整。的确，太不注重自己的形象了，这样的自己，有哪个客户会喜欢呢？从那以后，小芳深刻地意识到外在形象的重要性，好好把自己从头到脚"整顿"了一番。让人欣喜的是，此后她的客户接待量渐渐多了起来，有时业绩竟然能赶超小娜……

的确，小芳的业绩跟其外在形象有着莫大的关系，一个连自己的外在形象都不在意的人，别人又怎么会喜欢呢？人人都喜欢亲近美好的人或物，小娜的颜值本来就高，恰到好处的着装打扮更让她大放异彩，这种外在形象的优势无疑成了她销售路上的通行证。好在小芳发现问题还不算太晚，及时调整了自己的形象，最后成功地完成业绩上的逆袭。

重点提示

1. 杨澜说："形象永远走在能力的前面。"

2. 销售员要从细处着眼，注重自己的仪容仪表，一个完美的外在形象更容易获得客户的青睐，让自己的销售之路畅通无阻。

销售员着装贵在大方、得体

人靠衣裳马靠鞍。销售员的穿衣打扮不仅是对自身形象的包装，而且还代表了整个公司的精神风貌。因此，一个房地产销售员必须保证自己的着装清洁、整齐、大方、得体。这也是销售礼仪的一个细节，问题虽小，但是直接关系到客户的购买心理。

一般来讲，销售员应着职业套装。在选取的时候，一定要注意服饰是否符合自身的年龄、形体及场合。即使是年轻的销售员，也不要选取非常艳丽花哨的服装。不同的人身材不尽相同，在选择职业装的时候一定要因人而异，同时注意扬长避短，挑选有利于展示自身体型良好一面的套装。

你的形象决定了你的收入！要想让自己的着装大方得体，下面这些穿衣注意事项和搭配技巧需要了解一下！

对于男性销售员来讲，西装的袖长应该以手腕为宜；为了避免破坏西装的线条美，口袋里不能放体积较大的物品；袜子一般在裤腿和鞋子里面，即便是露出来也要保证颜色搭配且一尘不染；黑色的皮鞋显得大方、端庄，销售员需要勤擦，保持鞋面的整洁和光亮。

此外，男性销售员还可以根据不同的场合选择不同的穿衣风格。

外出跑业务时：穿的正规点比较好。稳重的西装颜色和同色系的衬衫就是一个完美的搭配。要想体现大方，领带的颜色不可过于抢眼，素雅一点的颜色刚好合适。细节的修饰也要注意。例如，黑色的鞋子配上白色的袜子就分外扎眼!

公司开会时：仍以西装为主。色调时尚前卫一点也没有关系，领带也可选择亮色系的，明快、亮堂的颜色和会议的氛围也比较契合。西裤还是要穿的，皮鞋的款式和颜色选择上也可以稍做变化。

外出参加活动时：此时，穿着可以随意自在一些。条纹的裤子富有生气和活力，是一个不错的选择，也可以选择手表作为适当的配饰。

身材消瘦的男士搭配建议：穿西服拒绝选择细条纹图案，最好不要穿整套西装，上装和裤子颜色对比鲜明的反而会更好一些。要想穿出宽阔厚重感，还可以在膊头垫肩，裤子加袋盖。三件式的西装，可以使扁窄的身材显得丰厚。

长脸形的销售员穿搭建议：领口不宜过深，圆弧形的领口为宜，这样可以把人们的视线引向横宽，给人一种脸宽的错觉。

对于女性销售员来讲，女式西服套装须剪裁合体，充分体现女性曲线美；内衬服饰须有领衬衫；需要穿套裙时，鞋、袜、裙三者要保持统一的色调；裙子长度至膝部，如果搭配裤子则应长至盖住脚背处；穿西装裙时，袜子的款式和颜色不可花哨艳丽，应以肉色或银灰色为佳，袜口不要露在裙外，可选择中跟正装皮鞋。

总之，对于从事房地产交易的人来说，一定要保持衣着的整齐干净，无污痕和明显褶皱，而且全身衣服的色系搭配要协调，给人树立一种端庄大方、专业沉稳的职业形象，否则难以取得客户的信任。

情景案例

小刘是一家房地产公司的销售员。他天生长了一张能说会道的嘴，对二手房交易的流程也是倒背如流，但是很多寻找房源的客户，都会主动地疏远他，这让他感到无比困惑与烦恼。

一次外出跑业务的时候，正好碰上自己的一个好哥们。那哥们一见他就甚为惊讶，瞪着眼睛问：

“你们这房地产销售对穿着都没有要求的吗？你看你衣冠不整的样子，领带都系得歪七扭八的，还把袖子和裤腿卷的老高，扣子还没扣好，哪有个销售员的样子？”

“这不天气有点热吗？又不在领导的眼皮子底下，所以就……”小刘不好意思地解释道。

“那你穿成这‘二流子’模样，你的客户还不被你吓跑啊？”哥们打趣地说道。

二流子模样？客户被吓跑？一向不拘小节的小刘突然意识到自己的失态，难怪刚刚碰到一个客户用质疑的眼神看着自己，原来是自己太不注重这些着装细节了。意识到问题的小刘在以后的每一个工作日里，都时刻提醒注意自己的穿着打扮，渐渐地他发现自己的客户似乎多了起来，一个月之后，他的销售业绩也有了一个显著的提升。

小刘的失败在于他袒胸露怀、攥拳捋袖、衣冠不整的形象给客户留下了极不专业的印象，从而失去了客户的信任。这种着装的不得体不仅仅损坏了销售员自身的形象，更让人质疑公司风气不良。试问有哪一位客户会跟一个让自己没有安全感的销售员交流？

重点提示

1. 得体大方的着装打扮是房地产销售员递给客户的第一张名片。

2. 要想包装好自己的形象，衣着大方得体，就得经常保持衣着的干净清洁，还要懂得衣物的搭配技巧，这样才能树立一个专业良好的销售形象。

通过握手传达你的敬意

房地产销售员与客户初次见面，一般都会相互握手。握手作为一项最基本的社交礼仪，其传达的意义非常丰富。销售员为了引起客户的重视和好感，可以利用握手向客户传达敬意。而要想传达敬意，就不能把握手仅仅当作一种程序化的过程，顶级销售高手都能娴熟地掌握握手的礼仪和技巧。

1. 握手时的态度和表情

与客户握手时，销售员必须保持热情和自信。如果以过于严肃、冷淡、敷衍塞责或者底气不足的姿态同客户握手，客户会认为你对其不够尊重或不感兴趣。为了表达对客户的敬意，正确的做法应该是这样的：表情真诚自然，面带微笑，眼睛注视对方，点头哈腰、卑躬屈膝的讨好反而会失了自尊。若是手上有污渍，要事先向客户声明示意并表达歉意。

2. 握手时的禁忌

销售员与客户握手不可戴手套、眼镜；不能用左手与客户握手；与客户握手不可斜视或低头；不得坐着和站着的客户握手；在很多人的交际场合，不能与多名客户同时交叉握手；不得在握手时另一只手若无其事地放在口袋里；不得在握手时把客户的手拉过来或者推过去，握住之后更不能紧抓不放或者一直抖个不停，更不能用手帕擦手。

3. 握手的方式

握手的方式有很多种，一般销售员与客户初次见面，不适宜采用手扣手式握手，更不适合拍肩式握手，只需平等式握手以示敬意。男士与男士握手时，应伸出右手，掌心向左虎口向上，以轻触对方为准。如果男士和女士握手，则男士应轻轻握住女士的手指部分，即手的前半部分。若是客户手里携带重物或其他东西，手部患有疾病或创伤不宜握手。

4．握手时间与力度

原则上，握手的时间不要超过 30 秒。如果面对的是异性客户，要缩短握手的时间；如果面对的是同性客户，为了表示热情，可适当延长握手时间，但是时间不宜太长。同时握手的力度也要适中。作为销售员，力度大显得太过热情，力度小显得太过拘谨，一般一只手可以握碎一个鸡蛋的力气为宜。

在房地产行业，销售员每时每刻都要和陌生的客户产生交集，因此建立和谐融洽的人际关系相当重要。握手作为一种交流沟通的常规礼仪，虽然动作简单，但是可以传达出一份真诚、一份敬意。只要你诚恳地伸出温暖友好的手，客户就能感受到你内心的真诚和敬意，就能使双方的关系变得和谐顺畅，从而有利于销售的工作的深入进行。

情景案例

一天，在某房地产交易中心的大厅内，销售员小崔看见一位年轻貌美的女客户缓缓走了进来，立刻走上去热情迎接，并且彬彬有礼地问道："您好，请问是来看房的吗？"

"嗯，我打算结婚了，想买一套大户型的二手房做婚房，你能给我推荐一套性价比较高的房子吗？"女客户小心翼翼地问道，说完露出一个拘谨生涩的笑容。

"当然能，很高兴为您服务！"说完销售员为表敬意，真诚地伸出右手，握住了女客户的手。

“请问，您买房理想的地段和户型是什么样子的？还有楼层、面积、价格方面有什么具体的要求？”小崔紧接着问道，一脸的真诚和友好。

这时，小崔发现女客户一脸的尴尬，这才意识到自己握手的时间有点长了，一时着急询问客户的购房诉求，竟然忘记及时松开。意识到自己的失态，小崔急忙道歉，女客户虽然接受了他的道歉，但是接下来的交流总是心不在焉，最后以“我再和家人商量商量为由”匆匆离开。

销售员每天迎来送往，面对的是形形色色、个性迥异的客户。因此，在握手示意的过程中，一定要把握好分寸，规范得当的握手会拉近销售员与客户之间的距离，反之，就会阻碍销售的进展。案例中的小崔就没有把握好握手的时间，尤其是对性格腼腆内敛的女客户延长了握手的时间，最后白白浪费了一个有效客源，甚为可惜。

重点提示

1. 握手是人际交往中礼貌和友好的象征，也是传达敬意的一种方式。

2. 销售员与客户握手时要把握好分寸，保持恰当的态度、表情、力度和时间，才能起到和谐人际关系的作用。

对客户的称呼要得体

在二手房销售行业中，很多交流和沟通是发生在非正式场合的，因此为了让客户听着亲切舒服，拉近彼此之间的距离，销售员对客户可以采用一些非正式的称呼。比如，刘哥、张姐、王阿姨、宋大爷……。相反，比较官方和正式的称呼会有种距离感，让人听了之后有生疏之感。

其实要想缩短双方的距离，给客户留下一个好印象，除了恰当使用非正式称谓之外，销售员还需要准确叫出自己客户的名字。戴尔·卡耐基说过：“一种最简单但又最重要的获取别人好感的方法，就是牢记他或她的名字。”如果销售员能准确叫出客户的名字，那么客户一定有一种被重视和尊重的感觉，好感由此而生，客户有这一层面的心理暗示，销售之路也会变得畅通无阻。如果一开始就叫错了客户的名字，或者见了几次面都记不清他的名字，客户会产生心理隔阂，这样势必会影响接下来的交谈。

美国最杰出的推销员乔·吉拉德就能够准确无误地叫出每一位客户的名字。即使是一位 5 年没有见过的客户，只要一进入他的视线，他就会让你觉得你们是昨天才分手，并且他还非常挂念你。对客户恰当得体的称呼很快赢得客户的好感，乔·吉拉德的销售事业也便一路开疆辟土，过关斩将，无往而不利。

在与客户交流时，选择正确、适当的称呼有助于销售的顺利推进。如果你还没有学会这一点，那么从现在开始，留心记住别人的名字和面孔，用眼睛认真看，用心去记，现在多一分付出，以后就会多一分收获。

要牢记客户的名字，准确称呼客户，可参考下面四个方法。

1．用心听记

每当认识新客户时，一方面要用心注意听，一方面牢牢记住。若听不清对方的大名，可以再问一次：“您能再重复一遍吗？”如果还不确定，那就再来一遍：“不好意思，您能告诉我如何拼写吗？”切记！反复的询问记忆要比张冠李戴强很多。

2．不断重复，加强记忆

在很多情况下，当客户告诉你他的名字后，往往在短时间内就被忘掉了。

这个时候，如果能多重复几遍，称呼很容易根植于脑海中。因此，在与客户初次谈话中，应多叫几次对方的称呼。如果对方的姓名奇特，不妨请教其写法与取名的原委，这样更能加深印象。

3．用笔辅助记忆

假如能得到客户的名片，必须把他的相关信息都写在名片背后，以帮助记忆。若能配合照片另制资料卡则更好。不要一味依赖自己的记忆力，万一出错，则得不偿失。

4．运用有趣的联想

对于客户的称呼，如果能利用其行为、面貌、语言特征产生联想，也是一个帮助记忆的好方法。

在房地产销售过程中，对客户恰当得体的称呼不仅反映了销售员对客户的尊重程度，更有利于缩短双方的距离感，促成交易的实现。因此，大家必须重视这个关键的销售环节，有效训练自己的记忆，确保对每一位客户都能“对号入座”。

情景案例

许先生是某房地产公司的准客户，以前曾来过这里寻找合适的房源，销售员小郭接待过他，因此对他有一定的印象。

这天，许先生带着自己的老婆又一次来到这家房地产公司。小郭一看见许先生，立刻就认出他来，笑着迎了上去，说：“郑先生，欢迎您再次光临，很高兴为您服务！”

这时，许先生的老婆站在一旁惊讶地看着，许先生一下感觉非常丢面子。作为这家公司的准客户，销售员小郭不仅没有记住他的姓氏，还当着自己老婆的面错叫。许先生想着想着，心里就非常不悦。

这时旁边的老婆笑着对销售员小郭说：“呵呵，你可真会开玩笑，我老公明明姓许嘛！”一下子，无论是小郭还是许先生都感觉非常尴尬。

这个案例中，因销售员小郭当着许先生老婆的面将其叫成了“郑先生”，一下子使许先生感觉到自己丢了面子。无论小郭的销售技能多么得出众，都可能因为这一句无心的话而失去一个潜在的客户。或许对于小郭来说，他认识许先生，只因为客人太多，一时没有分清，出现了口误。但是这种错误看起来小，却使许先生个人感觉到自己没有受到公司的重视。由此可见，熟记客户姓名，得体称呼客户对于销售员而言多么重要。

重点提示

1. 对客户称呼得体是对销售员基本的礼仪要求。

2. 要想赢得客户的好感，首先得熟记每一位客户的称呼，张冠李戴的错叫、乱叫会引起客户的不满，给自身的销售带来一定的阻碍。

用寒暄和问候打开客户的心扉

大部分的客户进入一个陌生的环境之后，内心都会有一些紧张和戒备。为了消除客户的戒备情绪，更好地搭建沟通和交流的桥梁，销售员可以用问候和寒暄打开客户紧闭的心扉。

寒暄语应带有友好之意，敬重之心。既不容许敷衍了事般地打哈哈，也不可以戏弄对方。问候，也是一个暖场的过程。问候语具有鲜明的民俗性和地域性的特征，西方人爱说：“嗨！”中国人则爱问“去哪儿？”“忙什么？”“身体怎么样？”“家人都好吧？”其实质就是您好！为了避免误解，统一而规范，销售员应以“您好”为问候语，最好不要乱说。因为牵涉到个人私生活、个人禁忌等方面的话语，最好别拿出来“献丑”。

刚与客户接触时，开门见山、直接要求对方购买自己的产品是不明智的。客户还没有适应这个陌生的环境，心情还没有放松下来，肯定不会考虑购买。许多二手房销售新手就是因为这样，所以一开口便被客户拒绝。那么，寒暄和问候到底如何让客户放松？它们对整个销售过程又有什么样的影响呢？

1. 问候与寒暄影响第一印象

问候与寒暄是房地产销售员与客户沟通的一种最常用的交流方式。心理学上有个专业术语叫“初次效果”，意思是初次见面的一瞬间足以决定胜败。若销售员给客户的印象是不好的，即使房源再怎么优质，客户也会因厌恶而充耳不闻。如此一来，销售更是成为空谈。销售员只有努力创造良好的第一印象，其后的推销过程才能顺利展开。问候寒暄可以活跃谈话氛围，解除客户对销售员的排斥，在推销过程中起着非常重要的作用。

2. 问候寒暄可消除对方的戒备心理

客户对自己不熟悉的楼盘，一般会存有戒备心理，更严重的会产生对抗情绪，这时候一定要设法消除他们的紧张和不安心理。问候寒暄这时可以作为销售员的开场白，恰当的寒暄和问候可以让对方消除戒备心理，最起码不会让对方认为你“图谋不轨”。

3. 问候寒暄是一种重要的礼节

在人际交往的礼节之中，问候占有极重要的地位。很多人认为，它只是双方碰面时打招呼而已，早上见面互道一声“早安”；中午或晚上就问候一声“午安”或“晚安”；告别时就说声“再会”。

在房地产销售领域，为了节省时间，问候和寒暄往往融合在一句话里，它需要明显地表露出你对客户的关怀。切记，问候寒暄是建立人际关系的基石，寒暄内容与方法得当与否，往往决定销售活动能否顺利开展下去，所以要特别重视。

我们在了解了问候与寒暄的重大意义之后，就得学会正确使用。

首先，寒暄可以是多方面的。

天气、工作、家庭、喜好、购物、教育、运动等都可以成为寒暄的对象，但是有一点销售员必须记住：寒暄的内容必须契合客户的兴趣点，这是一个营销的技巧。客户只有碰到自己感兴趣的事物才能畅所欲言，放松情绪，打开心门，与销售员建立亲近感。

其次，寒暄可以根据客户的年龄、性格、性别区分对待。

如果是中年人想买二手房，销售员可以从他的孩子、老人谈起。作为家里的中流砥柱，给他们一个安稳的居所是有责任心的表现；若是中年女士，销售员不妨夸她年轻、有气质、有家庭归宿感等显出羡慕她的样子；年轻人则要显出有共同语言，如：谈购物、化妆、减肥、男朋友、上网、运动、理想、人生、抱负等，和自己同性别的还可表现出惺惺相惜、默契的感觉。沟通要主动，因为客户不可能主动告诉你他的个人信息，更不会主动和你拉近关系。

最后，寒暄可能有时会涉及客户的隐私问题，此时如果客户不主动告知的话，一定不要主动提及，如客户的收入、婚姻等。

当然寒暄还可以根据内容，分为问候式寒暄、赞美式寒暄、聊天式寒暄、攀亲式寒暄、应变式寒暄等。销售员可以根据当时所处的环境灵活应对。

总之，销售员与客户见面，不宜直奔主题，急于求成露出成交的欲望，这样他们会本能地提防自己上当受骗。销售员需要通过热情友善的问候和因势利导的寒暄建立起轻松愉快的聊天氛围，客户才能慢慢打开自己的心门，与销售员建立起信任感和亲近感。

情景案例

小刘是某房地产公司的一名销售员，她为推销一套二手房去见客户李娜，在开场闲聊时她发现李娜桌子上摆着一张小女孩的照片，打听后知道是李娜女儿，于是话题便扯到了她女儿身上。女儿是李娜的心头肉，一旦提及女儿，自然有说不完的话，两个人聊得热火朝天，经过一番促膝长谈，渐渐消除了李娜的戒备心理。

进入洽谈正题后，李娜中意的小户型已经没有了，小刘提出购买稍微大一些的户型，李娜不同意，这时，机智的小刘想到李娜的女儿，就用她女儿很快要长大，要有自己房间培养女儿独立性的理由来说服李娜，结果李娜很快就接受了。

在小刘所用的房地产销售技巧中，巧妙地运用了寒暄闲聊的方式建立了双方和谐的关系，她寒暄的内容准确抓住了客户的兴趣点，有效地消除了客户的戒备心理，而且也为小刘下一步销售找到说服客户的一个理由。

重点提示

1. 正确恰当的寒暄和问候可以打开客户初次见面时心中自我保护的屏障。

2. 寒暄和问话是成功开启销售之门的关键因素。销售员必须善于选择寒暄话题，找到客户谈话的兴趣点，迅速搭建双方的亲近感和信任感。

高手篇

第四章 打赢房源争夺战

房源是二手房交易的前提和基础。只有控制了房源，才能控制客源，也只有拥有了优质的房源，才能提高销售的效率。销售员要想打赢房源争夺大战，必须学会培养自己的人际关系，掌握“独家委托”的技能、技巧，攻破业主“准备自售”的托词和假象，争取拿到房源钥匙，这样销售员在二手房市场的交易中才能获得主动权，将来成交的概率也会大大提升。

有好人缘才有好房源

俗话说得好："孤掌难鸣。"现在早已不是"笑傲江湖"的个人英雄主义时代了，海陆空都得协调作战，更何况是一个能力有限的人呢？对于一个二手房销售员来讲，要想在房源争夺战中拔得头筹，就得广结良缘，扩大自己的人际关系范围。

法国亿而富机油前总裁每年都给自己定下"与一千人交换名片，与二百人保持联络，与五十人成为朋友"的目标，这种用心经营的人际关系最后回馈给他的是源源不断的财富。对于房源匮乏的销售新人而言，助力你事业的贵人就在身边，只要你有人脉资源经营的意识，用心寻找，用心经营，好人缘迟早会给你带来好房源。

每一个销售员都应该建立自己的关系圈，维护好自己的人际关系资源，抓住一切机会去拓展自己的人际关系。水涨船高，结识的人越多，提供房源的人数占所结识总人数的比例也就越高。所以在概率确定的情况下，销售员要做的就是结识更多的人，广泛收集潜在的房源信息。

在公司内部，要和自己的上司、同事搞好关系。此外，为了扩展自己的交友范围，还可以结识一些公司、单位之外的人际关系，最好是在自然状态下建立起互动关系，并把自己的工作内容及性质介绍给亲朋好友或者刚刚结识的陌生人，说不定有一天他们或者他们身边的朋友就会有房屋出售的相关需求，然后会在第一时间将信息传达给你。

此外，小区里有很多可以给房产中介提供资源的群体，像物业管理、门卫、保安。他们掌握着业主房源的一手资料，并清楚哪套物业在出售，哪个业主有购房需求，他们可以为你提供获得优质房源的绝佳机会。销售员要主动和他们搞好关系，施些小恩小惠，他们很容易被你“收买”，本着互惠互利的原则，他们也会为你透露一些房源信息。

为了推动销售的良性发展，销售员在扩展人脉的同时，还需要建立起自己服务的口碑，这样新客户很快会成为老客户，你的老客户也会给你带来新的资源，不仅节约成本还能提高工作效率。

情景案例

赵晓亮是一家二手房交易中心的金牌销售员。他手头总有很多优质的房源，似乎取之不尽，用之不竭，不管客户有什么样的要求，每次都能提供合适的房源及时地满足他们的要求。因此，他的销售业绩连续几个月都高歌猛进，把其他的销售员远远地甩在身后。为此，他没少收获公司员工充满羡慕敬意的眼神。

在一次经验分享会上，同人们纷纷“取经”，众口一词地问他：“你成功的秘诀到底是什么？”

“你们想知道吗？”赵晓亮故意卖起了关子。

“非常想！”同人们都说。

“各位，你们猜猜我身上有多少张名片？”赵晓亮接着问。

“五张！”“十张！”“五十张！”……大家纷纷你一言我一语地猜测起来。

“大家说得都不对！下面我给大家变个魔术，一下子能变出三千张！”赵晓亮故作神秘地说。

“咦？不信！”下面有人喊。

这时，只见他把自己的西装打开，径直掏出一大堆密密麻麻的名片，然后摊在面前的会议桌上。很快雪片似的名片覆盖了桌子的大半部分。众人见了一阵唏嘘。最后，他大声说：“这就是我成功的秘诀。”

在知识经济时代，人际关系资源是一笔弥足珍贵的无形的财富。赵晓亮善于经营自己的人际关系，广结人缘，他自然收获了无数的名片，也与很多陌生人建立了情感的信任与互动关系。从各种渠道收获了丰富优质的房源信息，在销售的过程中，面对客户各种各样的需求能够“左右逢源”也不足为怪。

重点提示

1. 好人缘是获得好房源的前提和基础。

2. 用心经营自己的人际关系，对内要处理好同事关系，对外要拓宽自己的交友范围，其中小区的物业、门卫、保安就是不错的交往的对象。

建立自己的“信息资源库”

获取房源信息的渠道有很多。扫街、扫报、洗盘等都可以帮助销售员收集很多房屋售卖的信息。如果销售员平时不懂得把这些铺天盖地的房源信息分类管理的话，在使用的时候就会有种“剪不断，理还乱”的愁绪。要想把这些繁乱复杂的信息及时有效地和客户的需求“对号入座”，销售员不妨建立自己的房源“信息资源库”，即房屋售卖信息的大集合。

客户的需求是建立房源“信息资源库”的前提条件和重要依据。一般客户挑选房屋考虑的因素无外乎这几点：地域、交通、面积、价格、户型、朝向等。所以销售员在建立“信息资源库”的时候，不妨从客户的需求出发，把收集到的房屋出售信息按照地域、面积或者价格等划分标准一一整理归类。这样等到客户提出自己的需求时，销售员便可根据他们的需求轻松地搜寻查找。

按照房源的地理位置划分，比如，朝阳区、海淀区、昌平区、通州区等；

按照房源的户型划分，比如，单身公寓、两居室、三居室、四居室等；

按照房源的价格划分，比如，50 万元以下、50 ～ 100 万元、100 ～ 150 万元、150 ～ 200 万元等；

按照房源的类型划分，比如，四合院、普通住宅、别墅等；

按照房源的采集时间划分，可以根据它们的先后顺序编号，比如，1 号、2 号、3 号等。

……

分类的标准有很多种，大家可以根据自己的实际情况划分归类。此外，销售员还应该着重注意房源信息的更新。有些客户可能同时委托好多家中介出售，今天你可能刚刚登记入库信息，明天就被别的中介卖出，因此房源的时效性很强。为了避免让自己陷入被动的局面，销售员需要定期访问业主，对收集到的房源信息及时更新。

一个完善高效的“信息资源库”除了要及时更新信息之外，还需要补充完善和房源有关的所有资料，仅仅简单登记一下房屋的名称、面积、户型等基本情况和业主电话是远远不够的。为了确保信息的真实性，销售员还需要了解业主的身份姓名、房权证、产权性质和年限、家店装修以及是否抵押等。信息记录越详细，销售出现的麻烦越少。

总之，建立房源“信息资源库”对于销售员来讲有很多的好处。如果只懂得收集，不懂得管理运用，那么前期的辛苦就没有任何价值了。所以，销售员们，行动起来吧！把这些信息资源做一个有规律的整理和总结，你的销售效率一定会有一个大的改观。

情景案例

小单是某房地产中介的一名普通销售员，在平时同事都喜欢亲切地称她为活人版的“百科全书”，寓意：啥都清楚，啥都了解。身为内场销售员的她，专门接待各种到访的客户。面对客户五花八门的需求，她总是第一个找到合适的房源放在客户的面前。有时，一些新来的销售员不熟悉公司的房源信息，也会跑过来求助于她，她总是乐呵呵地伸以援手。

有一次，单位新来的同事小白在接待客户的时候，被客户的要求弄得手足无措。小单跑过来一问才知道，原来客户需要某某地段超大户型的二手房，小白翻翻这个登记簿，看看那个登记簿，十几分钟过去了，仍然没有找到合适的房源。小单听后立刻开启“搜索引擎”模式，在自己的脑海中思考了几秒钟，然后及时地把搜寻到的房源推荐给了客户。

事后，小白惊讶地问小单：“你为什么一下就能找到合适的房源？难道有超人的记忆力吗？”小单颇为得意地说道：“因为我有自己的‘信息资源库’呀！每天都会把自己新掌握的房源信息归纳整合一遍，这样用起来就不会那么乱了。”小白听后深以为然地点点头。

作为一名优秀的房地产销售员，应该对自己拥有的房源信息了然于胸，而“信息资源库”可以帮助你熟练掌握，做到心中有数。案例中的小单正是有了“信息资源库”的帮助，才能把销售工作做得犹如“闲庭散步”，得心应手。

重点提示

1. “信息资源库”可以有力地帮助销售员提高工作效率。

2. 销售员在建立“信息资源库”的时候，要注意保持其时效性和完善性，及时更新并补充完善房源信息。

争取“独家委托”的 5 个技巧

所谓二手房“独家委托”是指业主将自己的房产委托给一家中介公司代理销售后，不能在约定期限内自行出售该房或委托其他的中介公司和个人来做该房产的代理出售行为。

取得“独家委托”，对于销售员而言，可以避免跑单，充分保障自己的劳动成果；还可以避免与同行挖房源的激烈竞争；约束条件可以很好地控制业主；同时“独家委托”也意味着高成交率和高佣金收入。所以业主的“独家委托”就好像是一块肥肉，是诸多销售同行争相抢夺的对象。那么如何在众多的竞争同仁中独得业主的“芳心”呢？下面这五个争取技巧销售员不妨了解和掌握一下。

1. 你的辛苦要让房主看见

带领客户看房时，一定要及时反馈给房主：进门发短信告知房主已经顺利进入小区，谢谢配合！带看后反馈：无论客户对房屋满意与否都要打电话反馈给房主，做到贴心服务。

2．你的争夺需要一些谋略

如果不需要房主过来开门的，销售员不妨使一使“空城计”，假装有客户看房，经常约看，让房主记得你。“兵不厌诈”，相信你的“用心良苦”会换来房主的信任。

3．你的准备工作不能含糊

在开展独家委托工作之前，一定要做好充分的准备。从多个渠道评估房产；确定客观合理的价位，为现场的讨价还价做准备；预先考虑房主可能提出的问题，针对房主的疑虑，对症下药，让房主了解到自己和公司的优势。

4．你的专业性需要得到充分的体现

“闻道有先后，术业有专攻”。作为一名二手房销售员，销售房屋你最在行。销售员不妨为房主制定销售策略，大胆建议房主做整改，充分体现对房子的了解。当然也可以和房主讨论房屋的销售方法和渠道，房主会被你的专业折服！

5．你的“独家委托”会给房东带来哪些好处

签委托不难，签独家委托也不难，关键是要让房主了解独家委托的好处！

（1）降低卖房周期，提高买房的效率

对于想卖房的房主来说，他最关心和在意的就是按照自己理想的价格把房屋尽快抛售出去，独家不独家是其次的。针对房东这一心理诉求，销售员应该用强大的信心和底气让房主相信自己是有能力在最短的时间内帮其达成心愿的。

（2）规避恶性竞争，省去很多烦恼

对于那些“脚踩两条船”的房主，销售员可以给其分析没有“独家委托”所带来的弊端：同时挂名几家中介会给客户造成房主不着急卖房的错觉。不同中介的不同报价也会让客户认为房屋的售价有可谈的空间，中介谈判的结果：出价最低的那家成为最后的赢家。这样一来，房主岂不是卖不到一个更好的价格？而且多家中介同时与房主压价，相信频繁的电话打扰会给房主带来很多无谓的烦恼。

（3）专业的一对一的专人服务

假如签订了“独家委托”，销售员便会全心全意地为房主服务，根据实际查看的结果和房子特点为其提供专业的判断及更细致的销售策略。让房主相信精良优质的广告可以帮助其增加成交的概率，节省了很多的时间和精力。

当房主意识到“独家委托”可以给自身带来诸多的便利时，相信很难拒绝销售员的签署请求。

情景案例

房主张先生有一套佘山银湖二期7号的房子，销售员张浩一直跟进这套房产的售卖业务。为了挖掘这一优质房源，张浩希望尽早和张先生签署“独家委托”，但是张先生迟迟不肯答应，结果这套房子卖了大半年都没有卖掉。

有一天，张浩到张先生售卖的房屋查看，突然发现他家花园里面长满了杂草，本该生机盎然的花园因为杂草的存在变得索然无味，同时严重地影响了卖相。于是他赶紧打电话把自己的想法告诉了张先生，张先生听后思索片刻，顿觉张浩说得非常有道理，不愧是房地产销售专业人才，一眼便能瞧出个“子丑寅卯”来。折服于张浩专业的销售眼光，张先生当即就约张浩签署了“独家委托”，因为他相信凭张浩的专业水准可以帮自己卖出一个好价格。

按照张浩的建议，张先生立马对自家的花园进行了整顿。此后张先生的房屋在张浩所在的中介公司挂牌不到一个星期就被人一眼相中，以张先生理想的价格顺利销售出去。最后张先生感叹，我东奔西走小半年也不如在专业的中介卖一个星期！

其实不是“独家委托”难以签署，而是销售员没有让业主充分认识到自身的专业性！独家委托的房源可以享受免费的媒体广告、橱窗广告、专门制作最完美的 DM 单，第一时间将独家的房源以最直观的效果展现在更多客户面前的超值服务。对于独家有钥匙的房源，有些中介还会定期派人提供保洁、花园护理等更多超值服务。销售员张浩就让房主充分认识到自身专业的销售水准，从而顺利地签署“独家委托”，拿到了优质的房源，最后实现了双方的共赢。

重点提示

1. “独家委托”是销售员争夺优质房源的制胜法宝。

2. 要想夺得“独家委托”，首先销售员在谈判前需要做足功课，然后再用专业和优质的服务换取业主的信任。当业主认识到“独家委托”的诸多优势时，签署合约便会顺理成章。

不要相信业主“准备自售”的托词

销售员要想打响房源争夺的第一战，首先就得攻克“准备自售”的这一类业主。业主之所以萌生“宁愿自售，不愿意委托房地产中介”的想法，究其根本原因就是因为他们存有诸多的顾虑。所以销售员不要相信业主所谓“准备自售”的托词，只需逐一打消他们的顾虑，拒绝合作的借口便会不攻自破。

销售员可根据业主不同的顾虑采用不同的谈话技巧。

顾虑一：我只听过 ×× 房产公司，你们公司的名号我确实没有听说过，你们公司怎么样?

面对业主的质疑，销售员需要冷静坦然地面对，假如因为一时冲动，口不择言诋毁别的公司，不仅不能为自己的公司正名，更会引来业主对自身素质的质疑。一般而言，聪明的销售员都会用自己公司的服务特色说服业主放弃自售的想法。比如，房地产公司会首先进行产权调查，然后由法律专员为双方拟定交易合同，这样一来保证了交易的规范性和安全性。销售员要让业主意识到自己的委托是在安全的前提下进行交易的，只是付了固定比例的佣金而已，并没有吃亏上当。只要是安全、迅速、合理的交易，能实现双方的互利共赢，相信业主会给销售员一个合作的机会。

顾虑二：委托房地产中介，服务费会不会很贵。

伟大的思想家马克思说过：“世界上任何事物都有其两面性。”业主既然只看到了自售的优点和委托的缺点，销售员不妨让其认识到自售的缺点和委托的优点。

如果业主的房屋采取自售的方式解决，那么下面的这些缺点将无法规避：业主和客户只是一对一的交易，所以无法让买房产生竞争，这样出售的价格不会有所提升；没有房地产公司的介入，买卖双方容易产生房产纠纷，严重的还会惹上官司，得不偿失；自售缺乏宣传途径，严重影响办事效率，不仅需要花费更多的时间和精力，还得承担沉重的广告费用；自售无法过滤无效客户，因此业主会被频频打扰，严重降低生活质量；如果是女性房东，在带看的过程中还潜在一定的危险；由于业主自身防御心理较强，所以很不利于成交，而且销售经验匮乏，对于定价策略、议价方法、收定方法都不是很了解，房子很难卖出一个理想的价格。

如果业主能够委托房地产中介代为受理，公司员工便会全程陪同，其安全性就能有所保障；至于业主所关心的服务费问题，销售员不妨让其先了解一下同行的收费情况，然后向业主保证成交之前绝不收取任何费用，成交之后也会继续免费服务，公司绝不赚取差价，只是收取定额的服务费用。用公正透明的收费制度给业主吃一颗定心丸。

当客户充分了解了自售的弊端和房地产委托的规范性和安全性之后，相信会主动自觉地放弃自售的想法，给销售员提供一个合作的机会。

顾虑三：为什么要签委托，会不会把我套进去?

针对业主这样的疑虑，销售员不妨这样分析：签署委托之后双方的口头承诺才有了法律效力，能够得到法律的保护，又有了一定的法律约束力，所以双方不是骗与被骗的关系，而是合作共赢的关系。双方既是法律的约束者，又是法律的受益者。签署委托之后，意味着房地产公司有权对业主的房屋进行出售，同时业主的资料也会得到绝对的保密。而且委托自签署之日起，看房的不再是形形色色的房产中介，而是真正有效的买方。没有多家中介的参与，也可以避免一房二售的纠纷，同时这份委托契约也是后续服务的凭证。假如业主还是认为房产委托会把自己套进去的话，那么销售员便逐条解释合同条款，一一打消其顾虑。

顾虑四：委托期限太长了。

对于有此类顾虑的业主，销售员不妨反问一句是否急着用钱。若回答是否定的，那么委托期限长便不再是问题；若回答是肯定的，那么销售员不妨为其分析一下仓促成交的后果。俗话说："心急吃不了热豆腐。"好事还需多磨。要想谈一个好价钱，就需要花费一定的时间和精力。对于销售员而言，帮助业主销售是其义不容辞的责任，如果曲意逢迎，敷衍了事，匆匆交差，那么吃亏的最后还是业主自己。从这两个层面分析，让业主清醒地认识到委托期限过长其实是为了其利益着想。

当业主心中的房产委托的顾虑逐一瓦解时，他"准备自售"的托词便不复存在，这样销售员的目标房源也就唾手可得了。

情景案例

北京朝阳区的刘姐打算卖掉自家小户型的单元楼，然后在别处购置一套大户型的新房，以便把体弱多病的父母亲接过来更好的照料。销售员葛军瞅准了这个抢夺房源的好时机，想和刘姐签署委托，于是约了刘姐在一家咖啡厅面谈。

刘姐："我自己也有能力把它卖出去，并没有委托中介的打算，况且自售还能帮我省去一笔中介费呢？"

葛军："您说得有道理，但房子不同于一般商品交易，涉及很多的专业知识，交易流程烦琐，其价值高达几百万元，如果中间出现纰漏，损失巨大。看似帮您省去了一点中介费，但因小失大，这笔账您也划不来啊。在房屋买卖过程中，涉及交易配对、买卖谈判、合同拟定、过户、交款，收款、房屋交接等系列烦琐的交易细节，您或许根本没想到有这么多复杂的程序。所以现在越来越多的业主会选择委托我们代为出售，以便节省时间和精力。

另一方面，自己卖确实会省掉中介佣金，但是您想一下，如果您还要兼顾家人和工作，哪有那么多的精力和时间。自己找客户很累，贴了广告，客户随时会要求看房子，如果您工作脱不开身又当如何？如果您好不容易忙完家务正打算抽空休息，看房电话打过来，您又该怎么办……一套出售的房子很有可能严重扰乱您的生活秩序。一个真实的体会，以前我没做这行的时候，我一个朋友自己卖了一套房子。卖房期间，生活质量严重下降不说，结果落得个神经衰弱，您说值当不值当？”

刘姐：“我在电视上经常看到很多黑中介，昧着良心吃差价，反正我是不敢相信。”

葛军：“现在确实有很多不良中介，打着代售的幌子干着违反的勾当，影响了行业的声誉。您有这样的顾虑我也非常理解。但是现在不管哪个行业，哪个领域，都有好人，都有败类，咱们不能因为一个反面典型就否定了这个社会的正能量，您说是不是？”

刘姐：“嗯，你说的在理儿。”

葛军：“您放心，我们公司的营业执照是经过国家相关部门重重审批下来的，而且公司也郑重承诺绝不赚取客户一分钱差价，服务费是我们公司发展的唯一来源，加上我们公司在用人、专业培训、行销广告等方面的投入都很高，相比其他赚差价的公司来讲，利润很薄。”

刘姐：“不签署委托，你们不是也可以照样帮我出售吗？”

葛军：“签订书面的委托，是得到您的授权，这样我们才会有资格帮您卖您的房子，口头委托其实是对您的不负责任。有了您的书面授权，才能有该套房子的合同编号，我们的电脑销售系统才能录入您房子的相关资料，这样上橱窗、上报纸广告都不成问题，而且输入电脑销售系统后不光我知道您有此套房屋出售，其他同事也可以在系统上查到此房出售的信息，甚至其他分行同事也可以看到，这样您的房屋销售的宣传面就更广了。”

刘姐：“签署委托真的有这么好？不会是一个套吧？”

葛军：“通过这个书面形式的签署明确双方的责、权、利，对您，对我们都是一个保障。其实您最在意的还是在短时间内达成售屋的心愿，咱们的想法和目的都是一致的。并且您签订一般委托，您同时还可以选择到其他公司委托。您的交易仍然是自由的。在委托期间内，您也可以随时行使您的委托撤销权利，只需要您给我们一个电话就可以。所以您看，根本就不存在什么所谓的套。”

刘姐：“哦，你这么说我就放心了，那我回去准备准备。”

案例中，业主刘姐刚开始对于销售员葛军的合作请求是拒绝的，但是其“自售”的根本原因还是因为对中介公司存有诸多的疑虑，葛军针对其顾虑一一予以化解，最后成功说服刘姐放弃自售的想法。销售新手如果碰到类似的困惑，不妨借鉴案例中的销售话术，只要能化解业主心中的顾虑，那么目标房源就非你莫属了。

重点提示

1. “准备自售”只是业主拒绝委托的一个托词。

2. 要想说服业主放弃自售的想法，首先需要打消其内心的顾虑。不同的顾虑有不同的化解技巧，希望销售员可以牢牢掌握，灵活应对。

房源钥匙是争取来的

很多房产销售员为了更加方便地带客户看房，希望房东可以把钥匙交给自己。有了钥匙，销售员就可以第一时间带领客户了解房源情况。但是房东却出于各种安全考虑，不愿意主动把钥匙双手奉上。

如何说服房东把钥匙交给自己呢？这是销售员在房源争夺战中的一大考验。争取房源钥匙需要从房源的内部情况及业主的生活工作状态着手分析，组织具有说服力的语言和销售话术。

1．针对房子内部装修简单，业主图省心的

销售员可以这样说："您好，其实卖房是件苦差事，耗时费力不说还影响心情。一般客户看房都是陆陆续续，所以您就得跟着多跑几趟。很多时候客户看完就走，甚至有的客户进门发现不满意连个招呼也不打转身就走，的确挺让人生气的。

给您一个建议，不妨将钥匙放在经纪公司委托出售，这样的委托是不需要花钱的，您也不用因为很多无效率的客户心情烦躁，而且还可以帮助您节省时间。房产经纪公司每天和房子打交道，打理房子的卫生也很在行，这样专业而省心的委托，您何乐而不为呢？

但有一点我要跟您强调：钥匙不能乱委托，得找家放心有实力的公司，我们是 ×× 市正规的房产经纪公司，局部店面分布密集，因此销售成功率也是最大的，所以，钥匙委托给我们您可以非常放心。"

如果你所在的房产经纪公司初具规模，知名度还不是很高，这样说比较合适："我们公司管理有序，员工素质整体较高，而且很有责任感，您的房子不会受到一丝一毫的破损，钥匙委托给我们再好不过了。"

2．针对房子装修和设备良好的，业主比较谨慎的

销售员话术示范："您好，我知道您的房子条件还不错，可能也会有人跟您提过钥匙委托的吧？其实，房子再好，我们终究还是要卖出去的，所以当务之急我们最在意的还是销售价格和销售周期。知道这房子凝聚了您很大的心血，但房子一卖就是人家的了，我们只是希望这房子能卖出一个理想的价格且资金周转得快一点。钥匙委托的确是一个非常不错的售房方式，它给您和客户都带来了便利。房产经纪公司还可以针对性地集中看房，人们都有从众的心理趋向，所以集中看房的效果非常好。

但是目前限于整个房地产行业比较年轻且人员素质参差不齐，您需要一个负责任的经纪公司来帮您。我们公司的口碑和实力就不多介绍了，公司之所以能发展壮大，形成现在的规模，主要依赖于严格的管理，销售员每次看房都会自备鞋套，所以绝不会破坏您房屋的整洁性，如果有必要，每次看房我会亲自到场监督，房屋的安全问题您也不必担心。

另外当您将钥匙交到我们手里时，我们会跟您签一个钥匙托管协议，这份协议是一式两份，并且我们会当场详细登记屋内状况和水电燃气，一旦出现特殊情况，我们会负责任的，有合同文件作保障，大家都放心。另外建议您不要将钥匙交给别的房地产公司，否则万一出现屋内设备丢失损毁等问题，我们也无法提供保障。”

3．针对工作繁忙，无闲散时间，且怕被打扰的业主

销售员话术示范：“您好，看您平时事情很多，采取房屋委托售卖的方式对您来说是一个不错的选择。现在通过经纪公司卖房已经是大势所趋，您想在一个区域有几百个销售员给您打电话，哪怕一人问一句，相信您也是不胜其烦，不堪其扰。您的工作很忙，很少有闲暇时间带看，所以肯定会影响售房的效率。建议您还是采用钥匙委托出售的方式，这样既帮您节省了带看的时间，又帮您免去了电话咨询带来的烦恼。

虽说现在房产经纪公司很多，但是真正占领销售优势的还属于有规模有实力的大公司，因为大公司管理规范，店面密集，销售员数量多且素质和专业性较高。我们公司在整个房地产销售市场有口皆碑，假如不信任我们您也不会找到我们。如果您把钥匙委托给我们，我们会跟您签一份钥匙托管协议，并且我们郑重承诺为您的信息保密，您的电话只有我和我的店经理知道，这样您就会避免很多电话的骚扰。只要您不到其他房产经纪公司登记，我保证您能安安静静、轻轻松松卖房。我们这边店面很多，销售进度和周期您也可以放心，另外我会定期给您回访，并且把销售的最新进展如实告知给您。”

4．针对别的公司有钥匙的房子

销售员可以这样说：“您好，我是 ×× 房地产公司的销售员 ××，我已经看过您的房子，对于销售您的这套房产我有足够的能力和信心。并对您的房产简单做了一下评估，我可以给您谈一下我对这套房子的评估结果和销售策略吗……

×× 地产是 ×× 市知名度很高的一家房产经纪公司，全市店面分布非常广，公司的月营业额达到……销售能力一直领先于同行业。您也知道钥匙委托非常利于售房，因为客户看房具有随机性，并且有钥匙房产经纪公司可以安排集中看房，具有主动性。多一家公司帮您卖房，就多一个销售渠道和机会，把钥匙委托给我们，您可是增加了一个最大房产销售渠道啊！”

5．针对虚荣心强，爱听赞美，注重品质的业主

销售员话术示范：“×× 先生您好，我是 ×× 地产的 ××，您家的房子还在待售状态吧，×× 先生，说实话其实您的房子挺好的，放在现在的二手房市场很抢手，但唯一的缺憾就是看房子不是很方便，有点可惜。如果方便客户随时看房的话可能早就卖了。

您也知道看房的频次是直接和成交量成正比的，有些房子不如您的房子好，都给卖了，就您这套房子挂牌很久了都还没有成交，我们都觉得有愧于您，您可不可以把钥匙委托在我们公司，咱们正式签署一个钥匙托管协议，保证您的房子的安全性和整洁性，您把钥匙放在我们这里方便客户随时看房。因为我们公司是 ×× 市二手房最大的房地产公司，在这里有 ×× 多家店，我们公司上个月成交量是 ××，当然客户量也是最多的，所以您的房子在我们公司成交的概率很大。”

6．针对那些固执己见，不易动摇的业主

销售员话术示范：“（业主不同意钥匙托管时间段内）×× 先生，我这有个挺有诚意的客户，现在就在我们店里，您能过来让他看一下您的房子吗？我带他看了一下其他的房子，他对这个地段很满意，也看好了两套，但我还需要强烈推荐您的这套房子，改时间看，我怕来不及瞧您这一套，就买了别人家的。如果您要是不能及时赶过来，再约时间就不知道什么时候了。为了方便客户看房，也为了您及早出售房屋，我建议您还是在我们公司做一个钥匙委托，我们会把房间里的东西做一个清单。”

在争取房源钥匙的过程中，销售员需要根据不同的房源情况，调整自身的谈判策略。机会永远垂青那些目标明确，勇敢奋进的人。为了优质的房源和销售的业绩，销售员勇敢地去争取房源钥匙吧！

情景案例

业主：“把房子的钥匙委托给你们，万一你们不小心丢了怎么办？”

销售员：“这个您放心，我们是正规的房地产公司，不管是钥匙的收放，还是钥匙的管理，为了让业主们放心，我们公司都有严格完整的保管体系。如果有像您所说的那样的情况发生，我们会丢掉饭碗的。我公司钥匙箱的钥匙是由助理保管，销售员不能擅自拿钥匙，而且助理每晚下班前都要检查钥匙在不在钥匙箱里，下班前必须清点钥匙数量。您家的钥匙由专人看护保管，您还有什么不放心的呢？”

业主：“如果你们拿走钥匙，屋里丢东西怎么办呀？”

销售员：“这点您也不用担心，因为签署钥匙托管之前我们都会对您的物品详细登记，所以我们有责任保障您房屋的安全，每个业务员看房时都是由收钥匙人陪同看房。我们店也有很多别的业主的委托，从来没有出现过贵重物品丢失的情况。”

业主：“那把钥匙委托给你们，对于我来说有什么好处？”

销售员：“您要是把钥匙放在我们店，就可以帮您节省时间，省得您带看的时候来回跑，也免去很多电话的打扰，您的工作和生活不会受到很大的影响。”

业主：“签署钥匙委托协议就可以帮我早点把房子卖出去了吗？”

销售员：“既然您决定卖房，肯定也想越早越好，您把钥匙放在这里，我们有合适的客户随时带看，您再定一个合理的价格，房子肯定很快能卖出去，到时候您只等着签合同就可以了。而且我们对有钥匙的房子会加大力度宣传，网络和店面广告的推广都会优先选择签署钥匙委托的房子。不只是我一个人为您卖这套房子，是我们全公司人为您卖房的，所以成交的概率会很大，您就放心吧，一旦出现有意向的客户，我们会马上和您联系。”

业主：“这样一来，看房的人倒是方便了，可是人多也会把我的房子弄脏弄乱啊！”

销售员：“我们公司规定定期帮业主打扫卫生，开窗通风，保持屋内干净整洁、空气清新，这样客户一进来才能留下一个好印象。很有可能就因为这一点，客户就定这套房子了。所以您不必担心这个问题，我们肯定不会把您的房子弄脏的，因为凌乱脏污的环境肯定会影响房屋的售卖，我们也很想把您的房子卖掉，所以一定会对您的房子上心的，您把钥匙委托了我，我就得对您的房子负责任。另外，我还会在您房子里放上鞋套，这样忘带鞋套的客户过来看房也不会弄脏您的地板。”

业主：“真没想到你们考虑得这么周全，这样我就可以放心地把钥匙交给你们了。”

案例中，针对业主的种种疑虑（钥匙的管理、房屋的安全整洁、卖房的时间等），销售员用真诚的交流和热情周到的服务一一化解，最后赢得了业主的信赖，成功地争取到了房源钥匙。这段充满智慧的话术示范可以给大家提供很多解决问题的思路，相信下次再面对不愿意交钥匙的房东，销售员就可以有章可循，“兵来将挡，水来土掩”，轻松拿到钥匙的掌控权。

重点提示

1. 钥匙是争夺房源的制胜法宝。
2. 好的态度和方法是销售员成功争取房源钥匙的关键因素。

设法控制业主的报价

要想顺利开展二手房销售活动，销售员首先要把业主的报价控制在一个合理的范围之内，这样买房的客户才不至于谈“钱”色变，落荒而逃。优质的房源必须有公正合理的售价，如果报价远远超出买方的心理预期，房屋交易便成空谈。

销售员在杀价阶段需要遵守这样一个原则：找出各种对自己有利的因素，引导业主下降价格。如何有效控制业主报价？这三个步骤可以帮助到你。

控价第 1 步：告诉业主，现在有客户在公司谈价格。我们做了许多协调工作，现在基本上已经达成了一致，但在价格上表示仍然难以接受，希望您可以做些让步。

控价第 2 步：业主此刻会护盘或试探对方的出价，作为销售员此时应抓住时机，大幅度地猛杀业主的报价。做出反试探，看看业主的反应如何。如果业主对杀价的结果表达出强烈的不满时，销售员要及时安抚业主情绪，比如：告诉业主，自己已经明确回绝客户的价格请求，现在才和他协商一个双方都可以接受的价格。同时，要求业主给出一个价格底线。

控价第 3 步：在了解了业主的最低报价之后，告诉业主自己将和客户进行协商，有问题再行沟通。

除了上述常见的控价方法之外，销售员在销售实践的过程中，也总结出了很多的杀价技巧，下面我们给大家简单分享一下。

1. 善用手机：在杀价的过程中，可以让同事假扮客户拨通电话，然后告知房东客户在其他中介公司找到一套条件相仿但性价比更高的房屋，此刻正在犹豫不决，询问房东是否有降价的可能性，此时如果房东有挽留客户的举动，则表示该房屋还有杀价的空间。

2. 行情分析法：可以给房东分析一些影响房价的因素。比如，股市对房地产的影响，某某地段多了个什么功能建筑对他所在小区的影响，国家政策对房地产的冲击，等等。这种行情分析如果使用得当，往往可以起到很好的效果。

3. 放鸽子压价法：事先和房东约好带看的时间，然后以报价太高，客户需要和家人商量或考虑为由放房东鸽子，从而对房东的心理价格达到一个威慑的作用。

4. 虚拟客户议价法：房地产中介有房源钥匙，销售员在反馈带看结果时，可以隐藏客户的喜爱程度，借客户的口打击房东的心理目标。比如，交通环境不便利，小区的配套设施不完善，物业管理差，等等。

5. 交错议价法：杀价是一门大学问，它犹如三军交战，计谋深者为王。销售员不妨以别的中介公司的名义试探房东的心理底线。

6. 大平方米、小整体议价法：按照户型的大小议价。大户型的房子可以按照每平方米的单价商议，小户型房子可以按照总价商议。

7. 以租代售议价法：销售员可以建议房东以租代售，这样无形中会给房东一定的心理压力。好好的一个房子本来是打算出售的，结果销售员建议出租，是不是房价太高卖不出去，所以退而求其次呢？如果能给房东造成这样的心理错觉，杀价也就变得简单很多。

8. 冷热处理法：冷处理就是把房东晾一晾，给他造成一种要价太高，无人问津的假象。热处理法就是带上现金诱惑房东早做决定。

9. 积极回馈法：每带一位客户看一次房子，都积极地反馈业主，告诉他客户对房屋最大的异议就是价位太高，接受不了。次数多了，自然会给业主造成一定的心理压力，然后考虑降价问题。

10. 一刀切入式砍价：在与业主寒暄问候之后，直接切入主题，向他询问××万元的价格卖不卖。这种方法是众多方法中速度最快的，耗时最短的，使用的时候一定要把握好分寸，以防砍得太狠惹怒业主。

总之，业主在登记房源时，心理价位普遍都比较高，销售员要想尽快促成合作，免不了一场砍价大战。上面的这十种砍价技巧可以帮助销售员化被动为主动，有效地迫使业主做出降价的决定。但是有一点需要提醒大家：这些砍价技巧一定要因人而异，因房而异，生搬硬套起不到理想的效果。

情景案例

销售员：“张先生，我今天被客户痛批了一顿，他质问我是不是第一次出来做销售员，那样的地段也敢要这么高的价格，还说我把房价提得那么高，是不是想吃差价。我有没有故意抬高价格，相信您也心里有数。”

业主：“买房的人又不止他一个，他不愿意买，自然有人愿意买。”

销售员：“张先生，可能您还不太了解现在的房地产市场。我把您的房源推荐给我们店的经理，经理都不愿意给您打广告，说房价太高，没人敢打电话。”

业主：“真的？该不是吓唬我吧？我就不信没有一个打电话咨询的。”

销售员：“也不是没有，只是很少。有的人接通电话一了解完房子的面积、价格、地段等相关信息，直接就挂了电话。”

业主：“呃……”

销售员：“曾经有一位李女士看过您的房子，她说价格 ×× 万元才考虑，不然有点太贵了，不知道您认为怎么样？”

业主：“好吧，那么容我再考虑考虑。”

在上述案例中，为了达到压价的目的，销售员采用客户参与法，虚拟客户议价法等杀价技巧，试探业主对价格的反应，借客户之口一步步地迫使业主做出让步。这样的策略可谓是一箭双雕，既没有得罪业主，又达到了控制报价的目的，为以后的成交打好了价格基础。

重点提示

1. 优质的房源需要有一个价格的优势，销售员要想方设法控制住业主的报价。

2. 销售员在杀价阶段需要灵活掌握很多杀价的策略和技巧，否则过高的价位不利于以后的成交。本小节跟大家分享的这些杀价心得具有很强的实用性和可操作性，希望销售员可以牢牢掌握，灵活运用。

签署卖房委托书贵在一气呵成

春秋著名的军事家曹刿凭借聪明才智帮助鲁国以弱克强，也为后世留下了“一鼓作气，再而衰，三而竭”的真知灼见。其实商场如战场，在房源争夺激烈的二手房销售市场，销售员签署房屋委托又何尝不需要一鼓作气，一气呵成的勇气和魄力?

能否签署房屋委托直接关系着销售员的业绩和提成，所以大家千万不可掉以轻心。那么如何尽早与业主签署房屋委托协议呢? 首先销售员要弄明白业主不委托代理的原因，针对具体原因一一打消业主的顾虑；然后向业主传递专业的知识，获得客户的信任；再使用一些迫使业主签署合同的方法和技巧。这样趁热打铁，步步为营，业主就很有可能被说服，同意与销售员签署委托合同。

业主不委托的原因无非以下几点：对委托中介不甚了解；担心房产中介吃差价；曾经有过被骗的经历或者受到其他负面新闻的影响；嫌签署委托麻烦，等等。倘若客户对房地产中介不了解，不信任，销售员可以用肯定的语气罗列公司的种种优势，严格的管理、周到的服务、众多的宣传和销售渠道等都可以成为说服业主信任公司的理由。此外，销售员还可以用大量的客源作为事实依据，打消业主对公司的偏见。

当业主对公司有了进一步的信任和了解之后，销售员需要积极表现自身的专业性，代理费、税费、按揭、户口迁出、交户时间等事宜事先谈妥，不要急着签合约而忽略这些重要细节，否则不利于后期的成交。当业主真真正正了解到你认真专业的工作态度，才会放下戒备，考虑与你合作。同样获得信任和尊重的销售员更容易争取到自己的代理费用。

在与业主建立起信任之后，下一步就是如何说服业主签署委托合同。而说服业主的前提条件是让其意识到签署委托合同可以给他带来哪些好处。一般情况下，如果没有正式签署合同，房地产公司是无权收客户的定金，无法在客户感兴趣的第一时间留住这个成交的时机，一旦客户深思熟虑之后，说不定业主就失去了这次交易的时机。销售员可以从这个角度分析，让业主认识到签署委托的重要性。当然了，对于业主来讲，签署委托合同的好处远远不止这一点，对此，前面的章节有详细的介绍，这里就不一一阐述了。

从上面的表述可以看出业主的思想观念在一步步地发生转变，由先前的不信任，不愿意转变为对销售员的信任和尊重，在信任和尊重的基础上又逐渐过渡到对签署委托合同好处的吸引。如此稳扎稳打，一气呵成，业主在不知不觉中就被引导着签完卖房委托书。

情景案例

业主：“听说中介的代理费很贵，很多人都被黑中介给坑了，所以我不想和你们签订卖房委托合同。”

销售员：“张姐，您考虑的很有道理，但是您肯定对中介公司有误解。我不否认在我们的行业里存在很多败类，损害了行业的声誉，导致老百姓产生信任危机，但是咱们也不能以偏概全、断章取义，您说对吧？如果整个二手房市场都是黑中介，那么它们如何在这个法制社会存在和发展下去呢？”

业主：“嗯，你说得对。”

销售员：“我们公司不是小规模运营，公司成立二十几年，员工有两万多人。公司有严格的规定，三方合同，交易透明，只靠代理费生存，您试想一下，如果我们每天只靠差价牟取暴利的话，公司早就被举报倒闭了，怎么会不停地发展壮大呢？”

业主：“哦，那跟你们公司签署卖房委托合同，有什么好处？”

销售员：“……”（详细介绍业主可以获得便利和益处）

业主：“签了委托合同，除了你上面所说的好处外，能不能给我带来实实在在的经济利益？”

销售员：“我给您举一个真实的例子吧。上个月白云小区的两套住房，同样的楼层，同样的朝向和面积，一个签了合同，一个没有，结果签了合同的比没签合同的多卖出 5 000 元。”

业主：“真有这样的事？这是为什么呀？”

销售员：“因为没有签署卖房合同的业主，有很多的代理中介，一个中介一个报价，客户还以为有很多降价的空间，所以导致业主最后没有卖一个好价钱。”

业主：“原来是这么回事儿啊！以前对卖房委托不是很了解，所以不敢尝试，现在听你这么一说，我倒是可以考虑考虑。”

销售员：“您再考虑一下最好。不过，在现在这种房地产市场整体不景气的情况下，委托合同早签一天，您的房子就早卖出去一天，您遭遇价格下跌的风险就小一点。您明天上午办理手续，还是下午办理手续？”

业主："我明天上午有事情，还是下午吧！"

案例中，业主一开始对于卖房委托是排斥的，销售员首先表达了对业主的理解，然后坚决地否定了业主的想法，指出了其对中介公司的偏见。这样既容易让业主接受自己的观点，又使其无可辩驳；然后销售员带业主了解自己的公司，再一步步引导业主了解签署卖房委托合同给其带来的好处与便利；最后还用举例子的方法让业主真正看到签署委托带来的经济收益。一鼓作气，步步紧逼，直到业主完全转变自己的态度和想法，愿意签署委托合同为止。

重点提示

1. 签署卖房委托书贵在一气呵成。

2. 要想一鼓作气完成签约，销售员首先了解业主心理，然后让其真正了解和信赖公司，再告诉他从签署委托中可以获得诸多的利益，这样他才能从心底接受双方的合作。

第五章
赢得客户信任，排除客户疑虑

客户顾虑是二手房销售的一大障碍，销售员要想顺利成交，首先得排除他们的顾虑，赢得他们的信任。在扫除客户顾虑的过程中，销售员需要以“专家”的魅力征服客户，遇到不肯合作的客户，还需虚与委蛇，利益诱惑，以此来打动客户的心。

让客户相信你才是“专家”

何谓专家？它是指在学术、技艺等方面有专门技能或专业全面知识的人。专家意味专业，意味着权威。一般来讲，客户在购买之前都对楼盘存有很多的质疑，销售员要做的就是让客户相信自己是房地产领域“专家”，对二手房销售无所不知，无所不解，用自己的专业性和权威性赢得客户的信任，扫除客户的质疑。

客户在感受到楼盘的优越性之前，首先感受的是销售员自身的素质和个人魅力。而专家的个人魅力在于其独一无二的专业性。如何让客户体验到销售员这个“专家”的专业性呢?

首先，成功的销售员应该对自己的形象有一个良好的定位，服装整洁与气质沉稳会给客户留下专业的、值得信赖的感觉，会增加客户对销售员的信心。反之，如果整天一副不修边幅，吊儿郎当的模样，如何取得客户的信赖呢?

其次，销售员的专业性还体现在其丰富全面的知识储备。对自身楼盘的结构、单位面积、朝向、楼层间隔、建筑材料、购楼须知、价格、付款方式、销售手册、周边环境、配套设施及周边楼盘有充分的了解，同时还熟练掌握发展商名称、楼盘详细地址、银行账号、签订认购书、交款手续、签合同、办按揭、入伙手续、办房产证等有关手续及收费标准。在客户遇到疑惑的时候，用专业的知识为客户提供咨询便利服务。

房地产产品的特殊性要求销售人员有较深的专业知识。尤其是所售二手房周边有条件相仿，性价比更高的房屋时，知其然又知其所以然是销售人员战胜竞争对手的决胜砝码。

二手房虽说其价值远低于同等条件的新房，但是它也是客户倾其一生购买的大宗产品，所以反复比较、存有诸多顾虑和质疑是很正常的现象。客户对房屋几经考量做了反复比较依然拿不定主意时，销售员不妨就客户难以察觉的房屋使用价值做一番说明，就有可能争取到客户的认可，实现销售。

比如，可以告诉客户："我们的楼盘不是……结构，而是……结构，具有……特点，这种结构能降低……，能提高……"；"内墙涂料别人是……，而我们采用……，是……环保产品，有……功效"；"插座是……产品，是……材料，有……特点"，等等。这样专业的分析客户既感到神秘，又感到信服。

最后，要有绝对的自信。自信是向成功迈出的第一步。销售大师的成功凭借的不仅仅是技能，更重要的是精神力量。所以销售员除了有丰富的专业知识，更应该有绝对的自信心。作为一名房地产行业的"专家"，要相信自己可以代表公司，很好地完成销售任务，绝不质疑自己的销售能力，更不能怀疑自己销售的产品。

情景案例

客户："这房子看着破破烂烂的，能值 70 万元？听着好贵啊！"

销售员：“您别光看它的装修程度，入住以后一装修，整个家就焕然一新了。一分钱一分货，好贵好贵！正是因为好才贵呢！

我给您分析一下这个房子的布局。首先，您看这个屋子的自然采光窗占墙的比例达到百分之七十以上，这是高档房的比例标准，您的这个户型采光条件良好；其次您的主卧房偏南，可以保证家庭每个成员都能直接享受充足的阳光和日照；客厅设了阳台，还有良好的观景视野，而且户与户之间的客厅及卧室也避开了视线干扰；楼梯和电梯间采光和通风条件很好，避免潮湿和细菌的滋生和感染。您的小区周围还有菜市场、医院、超市商场、学校、公园等，这么齐全的生活设施可以给您以后的生活提供很多的便利呀！您再看看这个楼房的结构，您多花几百元买来的是高质量的建筑材料呀。”

客户：“原来这房子还有这么多的优势啊！你分析得真专业！也很有道理！现在说着房子 70 万元，我确实信了！”

面对客户对于价格的质疑，销售员选择用专业的视角分析房屋的真正价值，房子无论采光朝向，还是楼层结构，抑或是周边的生活设施，都具有很强的优势。所以当客户真正意识到自己没有觉察的使用价值之后，便被销售员的专业技能所折服，欣然接受了房屋的价格。

重点提示

1. 要想排除客户疑义，首先让他相信你是一个“专家”。

2. 销售员的“专家”魅力主要体现在三个方面：良好的形象，全面的知识储备和绝对的自信心。

客户不愿意签署买房委托书暂时不要勉强

在如今的二手房销售市场，由于法律制度的不完善及房地产销售员入职门槛低等原因，致使客户对销售员存有信任缺失。而这种信任的缺失最直接的体现就在于客户在委托中介买房时常常怀有诸多的疑虑，很不放心和房地产中介签署买房委托，生怕自己一不小心就上了中介的当。

俗话说："强扭的瓜不甜。"面对客户的排斥与拒绝，销售员不能立刻勉强其签署买房委托书，更不能威胁客户不签委托书就不带他去看房。当然不是说公司没有这样的规定，而是这样说很不合时宜。正确的做法应该是站在客户的立场上，为他着想。客户有什么样的顾虑，销售员应该一一为其答疑解惑，等到真正赢得客户的信赖之后，才能搬出公司的规定，这时客户才会抱着一种理解的心态，客观地看待买房委托的事宜，而不是被逼之后表现出勃然大怒或厌恶反感的负面情绪。

我们知道按照固定的流程，委托书必须要签的。只有这样才能避免客户跳单，避免之前的努力前功尽弃。虽说跳单的可能性很小，但是销售员尽量不要抱着侥幸的心理，认为不签也无所谓。把客户看紧，然后随机应变，等客户看完房再找合适的机会要求签约，这是一种较为稳妥的做法。但是如果客户看完房，仍然不肯签，这时候出于自身利益的考虑，销售员就得想一些巧妙的应对之策了。

遇到客户不愿意签署委托书的情况，房地产销售员可以向客户介绍委托书的作用和为其所带来的利益保障，以此来打动客户的心。

当客户对买房委托的好处表示认可的时候，房地产销售员则可以提出签委托书是公司要求的，再把不签字的后果及责任揽到自己身上，表示自己会因为不遵守规范而受到惩罚。这样，如果客户还是不愿意签字，为难的便是销售员，这种不为他人着想的做法会让其感觉良心不安，所以出于道德的考虑，客户也会考虑签署买房委托的。

情景案例

客户：“我是不会和你签署买房委托书的，去年我姐姐卖房的时候，就是因为忙全权委托中介办理，结果那个黑中介转身就以更高的价格转手卖给他人。”

销售员：“张姐，您不能因为一个无良中介，就否定所有的中介，对吧？”

客户：“反正我是不会同意签署委托的，中介骗人的把戏多着呢！”

销售员：“您要是这么说就对我们不公平了，如果不签署委托，我们的权益怎么保障，万一你们跑单了，那我们岂不是白忙活了半天？”

客户：“不签署买房委托书，不是照样可以买房？”

销售员：“我们公司有规定，如果您不签委托书就不带您去看房。”

客户：“不带看拉倒，反正我还有其他的途径找到合适的房子。”

销售行业有一句话说得特别好：“占争论的便宜越多，吃销售的亏越大。”不管客户持有什么样的偏见，销售员都不可以据理力争，一较高低，争辩对解决问题没有一点帮助，反而会惹得客户反感。上述销售员就是没有懂得适可而止，在客户没有签署委托意愿的情况下，不合时宜地谈论公司的规定，没有站在客户的立场上打消其顾虑，反而做了无谓的争辩，最后只能导致一拍两散的结果。

重点提示

1. 客户不愿意签署买房委托书，强行要求不是明智之举。

2. 不勉强并不意味着放弃，排解客户顾虑是签署买房委托书的关键因素。

客户只想委托做中介的朋友买房该怎么办

人们对于陌生的人或事通常会神经紧绷，疏远排斥；对于熟悉的人或事则会心情愉悦放松，主动亲近。这是人的本能反应，所以当客户只想委托做中介的朋友买房时，销售员一定要调整好自己的心态。客户之所以有这样的想法纯属本性使然，销售员不必悲观失望，只有调整好自己的心态，抱有一种积极乐观的态度才能绝地突围，想出破局之策。

当有相熟的亲朋好友从事房地产销售的工作时，为了避免上当受骗，客户往往会为人情埋单。这种情况对于销售员而言非常不利。但是每个硬币都有两面，为人情埋单既有好处，也有缺陷。

例如，找中介朋友买房，这位朋友会认为自己与客户关系亲密，不必过多地在意客户的感受，言行举止更为自由一些，这样很容易忽视了自己的服务质量，如果客户感到不满的话，又不方便提出要求，怕伤了和气；一旦三方的合作出现纠纷，客户出于世故人情的考虑，更不方便撕破脸，争取自己应得的合法权益。销售员可以利用找中介朋友买房的弱点和缺陷，动摇客户的态度和决心。这是解决客户此类疑虑的最理智的方法。

处理此类问题时，销售员很容易犯两个错误：第一，挑拨客户与朋友的关系，以达成销售目的。比如，“你那朋友所在的房地产公司信誉很不好，新闻上隔三岔五就爆出关于他们公司的负面新闻，你还敢去找他买房子吗？”类似这样的言辞无疑会让客户质疑你的人品和道德水准，得不偿失。第二，不够自信，马上放弃，或者抱怨客户浪费自己的时间。“既然您朋友是做房地产销售的，那您肯定会找熟人买了，要是您早点告诉我，我就不会花这么长时间跟您洽谈了。”这样的做法不仅仅反映了自己较差的职业素养，而且严重影响了公司的形象。所以大家一定要自觉规避这两种错误的言论。

情景案例

客户：“我有个朋友也在房地产公司，我想找他买。”

销售员：“真的呀，那太好了。不管您买房子找朋友，还是找我，或者是找其他的经纪人，都可以，关键是找一个专业的、负责任的、能够让您放心的人，毕竟买房是人生中的一件大事。”

客户：“你说的对，我得找一个自己信得过的人。”

销售员：“我有位客户与您的情况很像，他的表姐在一家房地产公司上班。他思来想去还是没有找表姐去买房，他觉得找熟人买房有两点不方便，一是服务不周到，心里不满意还不好意思跟人家提，二是万一将来发生纠纷，容易伤了和气。所以，最后他还是选择找我买房。”

客户：“嗯，你说的有道理，有时候跟熟人交往，容易让自己受委屈。”

销售员：“我和您的朋友相比，您会觉得我更陌生一些，如果我做的不好，做得不到位，您该批评批评，该要求要求，我一定尽心改正。如果您能选择我，是对我最大的信任，您有什么不懂的问题或者要求，我一定竭诚为您答疑解惑，尽量满足您。”

有的销售员一碰到这种情况，首先想的就是：完了，我肯定没戏了，人家有熟人从事二手房销售，凭什么会相信我这个外人？但是你为什么不反过来想想客户既然有熟人，为什么还会和你聊？他怎么不直接找熟人？其实找熟人买房也有很多的弊端。案例中的销售员就抱着一种积极乐观的心态，面对客户的疑虑，首先表明了自己的态度，并且还给了一个善意的提醒，这样很容易赢得客户的好感；然后巧妙地借其他客户的事例点明人情买卖的弊端；最后郑重做出竭诚服务的承诺，赢得客户的信赖。

重点提示

1. 客户只想委托中介朋友买房，销售员需要以积极乐观的态度绝地突围。

2. 绝地突围最好的办法就是找出人情买卖的弊端，动摇客户的决心。

打消客户买二手房的安全顾虑

对于普通老百姓而言，买房几乎是穷其一生的大事。所以买房之前难免有各种各样的安全顾虑，毕竟谁也不愿意自己奋斗大半辈子的血汗钱最后打了水漂。

买二手房之前，客户通常都有哪些安全顾虑呢？销售员又该如何打消他们的顾虑呢？

顾虑一：客户担心通过中介买房不安全。

其实客户的这些偏见并非空穴来风，大量负面消息的影响让客户慢慢产生信任危机。此时如果销售员向客户保证自己的公司非常诚信和正规，反而给人一种自吹自擂的嫌疑。坦率地承认二手房销售市场鱼目混珠的现状，更容易建立客户对你的好感和信任。当然，销售员更不能怂恿客户大胆尝试，本来他就对房地产中介充满了很多的质疑，在没有打消疑虑的情况下，劝说其勇敢尝试，在他看来无异于鼓动他跳火坑，劝说结果可想而知。

此时，最好用生动、真实的例证来说服客户：利用人们“随大流”的心态，以其他客户的经历作为例子，让客户知道选择委托中介买房是一种大趋势，很多人选择中介作为依托，最后也顺利地完成购买活动。其中，所引用的例子必须是真人真事，有书面的证据会更加可靠、更加能让客户信服。

在向客户讲述的时候，先用“您有这样的想法 / 顾虑很正常”来拉近与客户之间的距离。然后用“大部分买房的人都有这样的担忧，认为二手房的猫腻很多，不是很放心……”列举和客户相关的例子，最后用“但是他们最后还是选择了委托中介买房……”来打消客户的疑虑。

顾虑二：客户买房担心自己的钱被骗。

我们常常会看到类似这样的新闻：“‘委托人’持假公证书‘混’过交易窗口，市民被骗 30 万元。”二手房交易冗长复杂，其中涉及的知识面广，风险大。客户不是专业人士往往无法识破其中的骗局，有的时候被所谓的“业主”骗的钱财尽失才幡然醒悟。为了防止这种情况发生，专业的中介机构在交易之前一定会严格地核实业主的身份信息和产权信息。销售员必须让客户深刻地认识到中介就是保障他资金安全的一道屏障。

顾虑三：购买二手房楼房结构如何，楼房是否有遗留问题。

有的楼房建造的时候偷工减料，对于这种豆腐渣工程，存在很大的安全隐患，还有一些房屋长期拖欠水电费，房主与邻里之间因为改造和装修存在纠纷。这些都是客户的安全隐忧，但是他们由于自身知识的局限性，往往心有余力不足，不知道如何排除这些安全隐患。这时候，销售员的专业性就需要充分表现出来，用你了解的专业知识告诉他们什么结构的楼层抗震好，什么材质的建筑材料安全系数最高，怎样解决楼房的遗留问题。

客户疑虑是阻碍双方合作的最大障碍。所以销售员要想获得客户的信赖，首先就得一一化解他们的疑虑。上述就是解决客户安全疑虑的一些思路和方法，希望给销售员起到借鉴和帮助的作用。

情景案例

张先生想买一套二手房，但是之前听过房地产中介很多的负面信息，一直对中介公司将信将疑，担心自己通过中介买房不安全。但是自己又不熟悉房屋买卖的门道，所以不敢越过中介贸然交易，正当他进退两难的时候，销售员刘芳的一个故事让他很快转变了态度，决定和房地产中介合作一把。这个故事的经过是这样的：

王先生打算购置一套二手房，经某经纪机构介绍相中了其中一套，并在销售员的带领下多次看房。由于业主采用的是钥匙委托出售的方式，所以王先生在多次看房过程中始终未能与业主谋面。为了省下2万多元的佣金，王先生迟迟不肯与经纪机构签订三方协议，而是私下通过多方打听找到了自称是该房业主的人，并稀里糊涂与这个所谓的“业主”签订了协议。

然而，当王先生将20余万元订金打到了“业主”账户后，却发现“业主”人间蒸发了。王先生这才幡然悔悟，这个他自己“跳单”联系上的“业主”跟中介介绍的业主并非同一个人！虽然他已选择报警，但人海茫茫，要想成功追回这20万元订金谈何容易。不甘心的王先生选择向房屋管理行政部门寻求帮助，但这笔交易并未通过经纪机构，作为房地产经纪行业的行政主管部门，对他这样自行成交的客户却也爱莫能助。

在这个鱼龙混杂的二手房销售市场，很多客户往往为省几个中介费选择跳单，殊不知跳单的同时，既无视了销售员的劳动成果，又把自己置于危险的境地。销售员刘芳用贪图便宜的小故事告诫自己的客户跳开中介，“以身试水”会有什么样的后果。客户由先前的“担心自己通过中介买房不安全”慢慢转变成了“和房地产中介合作一把”，就这样刘芳用一个真实的事例轻松化解了客户的安全顾虑。

重点提示

1. 打消客户的安全顾虑是赢得客户信任的前提条件。

2. 要想打消客户买二手房的安全顾虑，首先得了解其顾虑所在，然后要发挥自身的专业优势，让客户认识到房地产中介机构是客户躲避隐患的安全屏障。

第六章
研究客户心理，探究他们的真实需求

客户心理活动和真实需求是二手房销售成功的关键因素。客户的心理活动包括购买的预算和购房的动机，客户的需求包括显性需求和隐性需求。为了高效完成销售任务，销售员需要巧妙引导，探明客户的心理活动；明察秋毫，准确把握客户真正的利益需求点；巧用策略，挖掘激发客户的购房动机。只有了解和掌握了客户的心理和需求，才能进一步加速其购买行为，提高销售效率。

一分钟内要让潜在客户产生兴趣

爱因斯坦说过："兴趣是最好的老师。"没有兴趣就没有购买的动力，没有购买的动力，就没有成交的可能。所以从这个角度来看，销售员最根本的任务就是引导客户对二手房产生购买的兴趣。而引导的基本方法之一，就是启发和诱导，目的是发现客户的购物动机，有针对性地使客户加深对房源的印象或者好感度，并激发新的购买动机。

一、寻找和客户共鸣的话题

家是一个遮风避雨的港湾，更是一个舒适安全、随心所欲的地方。实践证明，最容易引起客户共鸣的话题是空间的美妙想象，即按照客户的真实需求为其描绘一幅温馨漂亮的家居图。比如，在这个空荡荡的角落放一个吊椅，闲来无事，品茗温书，悠哉惬意；在客厅的中央买一个橘黄色的大吊灯，柔和的光暖暖撒向周围，让人好不温暖舒心。用语言编织的美好生活愿景很容易触动客户的心弦，进而激发其购房的兴趣和动机。

做到这一点，销售员需要准确地把握对方的心理特点，以便有针对性的把想象中的空间用语言表达的方式呈现出来。当然，也需要储备一些房屋结构和装潢设计方面的基础知识，否则很难打动客户。

二、启发和诱导

如果客户已经事先对二手房形成思维定势，无法接受你的启发，则需要设法把他的想法引导起来并加以纠正。不过这类客户终究是少数，对于大多数人来说，很容易受销售员思想观念的影响，所以大家应牢记并真正掌握以下原则：

1. 每一种思想或结论进入大脑时，不管其有无实际价值，总会有认同和反对的声音。

2. 如果客户的立场不坚定，就有可能受到启发“随心而动”。

3. 启发理由的充分程度决定了客户的接受程度。

4. 提出建议的时机应因人而异，客户更容易接受较迟提出的建议。

5. 在自然状态下发出的启发和诱导更容易让客户接受。千万别“竹筒倒豆子”，留有余地以利再战。

三、提建议要有可信度

尽可能用客户的语言来提出你的提议，有时加入一些让客户一知半解的专业术语效果会更好，这种似懂非懂的神秘感会让客户觉得你是“行家”。当然不要指望自己的话立竿见影，房子的优势和有针对性的建议需要不断强调，但是不能赤裸裸地营销，否则就算是有意向购买的客户听后也会反感的。有可信度的建议有时也会激发客户的购房兴趣。

为了快速激发潜在客户的购买兴趣，“花式”启发大法销售员需要悉数掌握。

1．动作启发

把窗子打开，让海风吹进来，海风赋予客户的直观感受比销售员说一句“海景迷人”更具说服力；如果你想让客户知道房屋建筑质量过硬，拿出相关的合格证明比言语上的褒奖更让人信服；总之，有的时候行动的力量比单纯的语言更容易激发客户购买的冲动和兴趣。

2．直接启发

用直截了当、清晰明白的方式表明自己的目的。当销售员确认自己推销的房子完全符合客户的需求时，当你觉得客户想让你对付款方式、装潢改造和其他因素提出建议时，直接启发就是一种高明的推销手段。

3．间接启发

也叫被动启发，利用同行者的态度来启发客户，这就是所谓的“借力打力”。销售员要尽可能通过客户朋友的感染和影响让其产生购房的兴趣和意愿。

4．反作用启发

“咱们还是看看旁边的那个房子吧。现在所处的这个房子平米数过大，户型也太前卫，另一个房子只有一室一厅，户型比较传统”。结果客户偏偏对这个房源有兴趣，正中销售员下怀。之所以采用这种激将法，是因为销售员事先已很清楚：眼前的这位客户眼界很高，对市面上的户型都不满意，需要足够大的房子，钱也足够多。

5．无意式启发

装作无意地问自己的同事：“昨天 602 的王女士交钱了没有？她穿的那件衣服真漂亮，不过她那么标准的身材穿啥都好看。”想想看，这对看了 601 的单身贵族会产生何种效果！如果是性格冲动型的客户，很可能在虚荣心的作用下，激起他购买的冲动。

总之，兴趣是激发客户购买的动力，也是促成交易的关键因素。销售员要想方设法激发潜在客户购买的兴趣。此外，启发和诱导不能脱离客户的真实需求，否则达不到理想的效果。

情景案例

销售员小孟曾经遇见这样一位客户，他来到公司之后，一言不发，只是闷头看四周的房源信息，小孟热情接待，都被他以“我随便看看”为由挡了回去。一阵“走马观花”之后，客户转身欲走。小孟赶紧上去问道：“大哥，您看得怎么样？有没有中意的房子？”

客户闷闷不乐：“整体看来都不怎么样！只有那套两居室的房子看起来还勉强可以。”

很显然，这位客户并没有多少购买的兴趣。为了挽留这位“上帝”，小孟急忙上前一步解释道：

“大哥，您看的这套房子最大优势就是地段好，位置佳。它紧挨着地铁站，以后您上班非常方便，步行只需三五分钟。另外它旁边还有一个超大型的超市，超市的功能设施一应俱全。您买菜、购物、看电影、娱乐等都很方便。最重要的是房主着急出售，比同小区同户型便宜很多呢。”

说到这里，客户眼睛一亮，似乎来了兴趣。接着问：“是吗？那你给我再具体介绍一下那套房子的详细情况。”

小孟：“这样吧，大哥，您先到我们店里坐下，您一边喝茶，一边听我详细介绍。如有兴趣的话，咱们还可以抽个时间去看房……”

俗话说，“好酒不怕巷子深。”但是有时候，客户一开始未必有“一品为快”的兴趣。这个时候销售员的房源介绍显得至关重要，它直接关系到客户兴趣和情绪。案例中，销售员小孟的介绍就很及时到位，一通房源优势介绍之后，客户立刻由原来的“闷闷不乐”转变为“眼睛一亮”，对房屋产生了兴趣。由此可见，房屋的卖点也是吸引客户产生购买兴趣的重要因素。

重点提示

1. 客户的真实需求是引导客户产生购买兴趣的重要依据。

2. 要想激发客户的购买兴趣，首先需要找到引发客户共鸣的话题，然后综合运用各种启发和诱导的方式，还可以提一些可信度较高的建议。这些都可以勾起客户购房的欲望。

了解二手房客户的真实需求

中国有一句古话叫：“牛不喝水强按头。”牛之所以不喝水，是因为它根本没有喝水的需求。同样客户没有需求，销售也就没有市场。客户需求是销售成交的根本动因。因此销售员从接触客户开始所要做的就是了解他们的真实需求。

客户在购房时，总有几个问题是他特别关注的。一般来说，房屋的地段、户型、价格、小区环境、物业管理、配套设施等都是客户关注的焦点。但是每位客户真实的需求不同，所以关注的侧重点也有所区别。销售员只有真正了解客户的需求点，才能针对性地进行推荐。

NEADS 是购房需求鉴定公式，它可以帮助销售员有效地探知客户内心真实的想法。

N（now），表示现在情况，包括已看过什么楼？

E（enjoy），表示对目前住的地方喜欢什么？

A（amend），表示针对现在可改变什么？

D（decision-maker），表示谁有决策权？

S（stumbling-block），表示成交障碍是什么？

销售员要了解客户以上五个方面的情况，并在提问中不断试探客户的真实情况，这样才能挖掘二手房客户真实的需求。

销售员只要认真观察，仔细揣摩，巧妙提问就不难发现客户最关心的问题有哪些，把这些问题及时有效地解决好，成交的可能性就大大增强。反之，如果对客户最关心的问题一无所知，只是盲目进行推销活动，那么客户面对自己不感兴趣，没有需求的东西一定会产生排斥，甚至反感的负面情绪，因为他们没有时间听一些他们不关心的话题。

在了解客户需求的过程中，可能会涉及一些比较私人的问题，如果客户拒绝回答，销售员要表示歉意，不可继续追问。当然更不可为了弄清楚真实的答案，通过自己的盲目猜测，胡乱采取措施进行销售，自作聪明往往是导致成交失败的最重要因素。

在掌握了客户购房的真实需求之后，销售员推荐房源时就要有所侧重，重点向客户阐释这方面的利益和好处。比如，注重地段的客户，推荐时要着重强调房屋所处的位置交通便利，四通八达；注重环境的客户，应该强调小区植被的覆盖面广，功能设施一应俱全；注重价格的客户，则给他推荐经济实用，性价比较高的房源。总之，客户的真实需求决定销售员推荐的方向。

最后要跟大家特别强调的是，对销售技巧的运用，始终是建立在客户对产品需求和认可的基础上的，任何违背客户需求的做法，都不会有一个好结果。

情景案例

销售员：“吴先生，请问您目前居住在什么地方？”

客户：“我就住在昌平区 ×× 公园附近。”

销售员：“好地方啊，我的一个朋友也居住在那附近。”

客户：“嗯，那个小区环境不错，物业服务也很到位，生活特别舒适，就是目前住的这套房子有点小，才 60 平方米。”

销售员：“对，的确是一个舒适的小区，不过 60 平方米的确是小了点，哦，对了，我们在这个小区也有一些大户型的房子，不知您是否会考虑呢？”

客户：“哦，因为前段时间刚刚换了个工作，现在每天上下班坐地铁就很耗费时间，我还是希望在工作单位附近找个同类型的小区。”

销售员：“那是，×× 公园离您上班的地方确远了些，按照您的需求，在您工作单位附近的 ×× 公园就同您现在的居住环境很相似，而且那里的物业也很负责任，最重要的是离您上班地方很近，地铁坐两站就到了，那里的大面积单元楼您觉得如何？”

客户：“嗯，听说那里不错。你们有 100 平方米左右大概 ×× 万元的单元吗？”

销售员：“房子是找出来的，您放心，我们公司在那里有非常丰富的客源和房源，我们会很快为您找到理想的房子。哦，对了，顺便问一下，这次买房的房产证写您的名字，还是……”

客户：“嗯，写我的就行了”

销售员："嗯，另外还有其他什么特别的要求吗？"

客户："就是我前面说的那个价格，高了就不考虑了。"

在这个销售案例中，销售员为了探究客户的真实需求，首先了解了客户的居住地点；然后通过套近乎的方式（朋友居住在那个小区）缩短双方之间的距离；接着了解了客户对现居环境的满意程度；在引导客户道出需求，并讲出期望之后，销售员强调了公司的优势，增加客户信心，并顺势探一下买房决策人是谁，最后还探明了影响客户买房的其他因素及其预算的上限。通过一系列的询问试探之后，销售员完全掌握了客户真实的需求，一个充分满足客户需求的房源更容易赢得客户的青睐。

重点提示

1. 了解二手房客户的真实需求有利于提高成交的概率。

2. 认真地观察，试探性地提问，NEADS 购房需求鉴定公式都可以帮助销售员准确了解客户内心真实的需求。

为客户"找"出他的隐藏需求

每个人的思维和认识都有一定的盲点和死角，"当局者迷，旁观者清"说的就是这个道理。作为一个"当局者"，有些隐藏的需求，客户自己是无法察觉的，这就需要"旁观者"销售员积极主动地帮他们找出来。

挖掘客户需求就像地质工作者勘察矿产一样，要找到精准的矿藏位置，首先要掌握错综复杂的地质资料，而要找到二手房客户隐藏的需求点，也要通过观察、提问和思考分析等多种途径来实现。

成功的销售员，要善于察言观色，注意观察客户的一言一行，并结合自己以往销售的经验，做出准确的判断。当然，销售员在与客户的接触中，还可以利用引导和提问的技巧充分了解客户的真实情况。在了解客户情况的基础上，进一步激发其潜藏的购买需求。

比如，以朋友的姿态交流沟通，用自己的热情和真诚感染客户，努力与其建立相互信任的关系，试探性地询问一些基本问题：客户的消费需求、目的及心态、工作情况、家庭经济情况、消费层次类型、家庭结构等。销售员根据客户基本的家庭、工作及消费情况以及对话的内容推断客户购房的需求点在哪里。

销售是一门学问，它是以发现客户需求并满足其需求为前提的。下面我们一起了解一下挖掘和激发客户隐藏的购房需求的方法和技巧。

1．成功的欲望

豪宅名车是芸芸众生竞相追逐的对象。虽说二手房算不上什么豪宅，但是拥有一套属于自己的房子是很多人眼中成功的标准。销售员可以抓住客户的这一心理特点，销售时注重描述楼盘给人的整体感受。有经验的销售员最懂得用产品的整体形象来刺激客户购买的欲望。高端大气的整体形象最能满足客户追求现代生活方式和彰显身份地位等的心理需求，因此在销售时不妨从这个角度出发，给客户一个购买的理由。

2．投资回报和安全需求引导客户

从投资的角度分析，买房是一种没有风险的投资方式，如果选择合适的地段，房子还有升值的空间。同时，它还可以给客户提供一种生活的保障，给家人带来安全感。当客户意识到买房是有利可图时，也许他内心就会产生购房的需求。

3. 从客户的心理需求引导

在外打拼没有属于自己的住房，碰到特殊情况，需要来回搬家，刚刚布置好的窝又得请搬家公司，客户为求方便也会有购房的打算。销售员要抓住客户的求便动机，引导其内心深处对房子的渴望。

索尼的创始人盛田昭夫说过：“我们并不是去服务市场，而是去创造市场。”同样，潜意识是人们不能认知或没有认知到的部分，销售员需要积极地帮助客户找出他们潜在的需求，创造属于自己的销售市场。

情景案例

宋飞是艰苦创业的80后的典型代表。“北漂”多年，起早贪黑的奋斗拼搏终于让他的生意初见成效，因此，手里攒了一笔钱。可是对于这笔资产的支配，宋飞心里犯了难。商场如战场，继续投资，或许会鸡飞蛋打，赔了夫人又折兵，购置一处房产，也许会错失巨额的财富和商机。销售员小白得知宋飞的这些情况后，打电话约见了他。

见面寒暄之后，小白无不感慨地说：“‘北漂’真的很不容易，身为一名外来的打工者，我深有体会。您作为老板，白手起家，一手操持，公司能有现在这样的规模和业绩真的很了不起。”宋飞不好意思地答道：“哪里哪里！你过誉了。不过背井离乡的真的很不容易。”因为深有感触，宋飞的话匣子一下子就打开了，不知不觉中说了很多奋斗的过往。

“俗话说：‘两利相权择其重，两弊相权取其轻。’买房和投资相比，我觉得买房更为划算一点。我不否认投资具有很大的收益性，但是同时它也具有很大的风险。如果一旦投资失败，您多年的辛苦就付诸东流了，您家人的生活也没了保障；反之，如果买一套房的话，您不仅拥有了一份固定资产，而且还给您的家人很大的生活保障。您也说过，您的妻子不离不弃地跟着您辛苦创业，吃了很多苦。我觉得给她一份安全感就是对她最大的疼爱和回报。”小白循循善诱地为宋飞分析利弊得失。

听了小白的话，宋飞深以为然地点点头。

“现在咱们正好有一套房子，前天刚收的盘，一放出来就有很多客户打听。小区环境也不错，植被覆盖率高，里面的配套设施一应俱全，您闲来无事可以陪爱人孩子散散步，锻炼锻炼身体，也不失为一种幸福。而且这房子业主年前才刚刚装修完，很新，有入户花园，面积可以折半，大概有5平方米是送的。”

宋飞一听很有兴趣，就跟小白深入地了解起来，并且还约好了看房的时间。

客户的需求包括显性需求和隐性需求。有的人有明确的购房意图，有的人购房意图并不明显，藏在其潜意识里，不易察觉。销售员要做的就是运用各种方法，让客户发现自身潜在的购房需求。在上述案例中，客户一开始并没有决定购房，而是在继续投资和购房之间犹豫。销售员小白先用赞美拉近双方的距离，建立起客户信任之后，又从投资回报和给家人生活保障的角度分析，从而树立客户购房的决心，最后通过呈现房子独特卖点的方式，快速激发客户购买的兴趣，具有很强的借鉴作用。

重点提示

1. 仔细观察、认真思考、巧妙提问是挖掘客户潜在需求的重要条件。
2. 挖掘和激发客户隐藏的购房需求是有技巧可循的。

客户购买二手房的心理过程

要想准确了解客户需求，进而更好地满足客户需求，必需对客户的心理有足够的了解。因为“心”支配了一个人的思想、意志，同样也支配了一个人的购买行为。

一般而言，客户购房的心理过程需要经过这几个阶段，依次为注意（这儿有一套二手房）→兴趣（各方面看着还不错）→联想（应该很适合我）→欲望（真的很想拥有）→比较（另外一套或许性价比更高吧）→信赖（这个还真不错）→购买（我就选这个了）→满足（我非常喜欢买到的这个房子）。但并不是每一个客户都会经过这几个阶段，销售员在接触客户时要灵活对待。

要想把握不同时期客户的心理状况，销售员首先需要弄明白这几个问题。

谁买（购买的主体）

为什么买（购买的动因）

在何处买（购买的地点）

何时买（购买的时间）

买什么样的房子（购买的客体）

如何买（购买的过程）

对于销售员可以接触到的客户群，大概可以分为五个类型：

发起者：第一个提议或有二手房购买意愿的人。

影响者：影响购房行为或购房决策的人。

决策者：对全部或部分购买房产决策具有决定权的人。

购买者：实施购买行为的人。

使用者：消费或使用该房屋的人。

当然，并非每项购买决策都会出现这五种不同的角色，但是你可以根据具体的需要，有针对性地进行沟通。销售员必须对家庭各个成员的角色与影响力认识清楚，以便针对特定的角色，设计出称心如意的房屋卖点与诉求重点。销售员在了解了客户购买考虑因素和挖掘客户需要的过程中，一定要把重要因素与决定因素区别对待，否则就会误导房产销售的努力方向与沟通语言的设计安排。

下面我们通过几个层面具体解析一下客户的购买心理。

1．客户的心理特性

客户在买房之前，都会有这样的心理活动："我买这套房子，能满足我哪些方面的需求？"销售员了解了客户的这一心理特性，就可以进一步探知其购买动机了，然后站在客户的角度说服客户购买。

2．客户购买房产的动机

人是一种感性的动物，感情的动机具有暗示、描写、联想的作用。销售员可以利用客户购房的动机，营造一种温馨浪漫的家的感觉。因此拨动人心的店头水牌广告、赫然醒目的店头布置、人气爆棚的看房现场，都会引起客户情不自禁地购买冲动。

3．客户购买房产心理各阶段

（1）注意

销售员要充分利用视觉效果把客户的注意力集中到二手房上，让他意识到这套房产如果选择居住的话会有非常舒适愉悦的体验效果。

（2）兴趣

客户对二手房产生兴趣，并不意味着他就有了购买的欲望，因为他们的心里还存有很多的疑问。他们既不想失去这次购买机会，但是又担心自己上当。要想解除客户的疑问，销售员需要用事实和道理让客户明白这套二手房确实货真价实，值得拥有。

此外，销售员千万不可对客户爱答不理，更不能做出其他伤害客户的行为。在保持客户兴趣的基础上，销售员在交谈的过程中巧妙地穿插房屋的卖点和亮点，通过这些优势的介绍获取客户对于房屋的认可和肯定。

（3）联想

美好的事物人人都会向往。当客户对某套二手房感兴趣时，他也会不自觉地通过设想把房子和自己联系在一起。此时如果销售员给客户设计和描述入住后的场景，给他一种身临其境的感觉，更容易引起他购买的欲望。

（4）欲望

当客户表现出购买的意愿时，销售员可通过二手房的使用价值不断强化客户的购买欲望。客户的欲望大多受情感的支配，所以需要注重他们的实际感受。

（5）比较

毕竟买房是一件人生的大事，所以客户在决定购买之前，心理难免会较量一番。这个时候，客户通常会拿别处的房屋来对比和考量，销售员要做的就是——消除客户心中的顾虑，让他明白买眼前的这套房屋绝对物超所值，买了不会上当。

（6）信赖

客户对二手房建立起一定的信任之后，销售员更要以十足的自信接待客户。并且谈话的内容需要契合客户的兴趣和想法，以他满意的方式介绍房屋的具体情况。在恰当的时机还可以向客户灌输意向金的概念。

（7）购买

客户的心路历程走到这个阶段，考虑的往往是这房子什么时候才能真正拥有，以及过户的流程和安全性。即便是客户有了购买的欲望，也不可麻痹大意，很多细节问题仍然不可忽略。

（8）满足

客户的满足会给第二次销售带来良好的口碑，也为客户再消费创造了可能。销售员需要全程为客户提供优质的服务，以寻求销售的附加价值。

俗语云："攻心为上"，因此，销售员的营销策略都要紧紧围绕客户的"心"展开。同样，掌握客户心理有助于准确挖掘客户的真实需求，进而提高销售的效率，所以销售员不可忽视这个关键的环节。

情景案例

刘先生是销售员王勇的准客户，一天他们按照约定的时间来到带看的小区。一进小区，刘先生就眼前一亮，不禁为郁郁葱葱，清新扑鼻的环境氛围所吸引。王勇把这一切都看在眼里，不失时机地问上一句："以后您要是居住在这个小区，每天都能闻到清新宜人的空气，看到绿意盎然的植被，早上起来还可以跑跑步，锻炼锻炼，一定很悠闲惬意吧？"刘先生不住地点头称是。

在带看的过程中，刘先生对房子的基本情况并没有什么大的异议，唯独对价格略为不满，所以想到别处再找找看。看着刘先生的顾虑，王勇耐心地说道："您有这样的价格顾虑，我也能理解，但是买房子咱们也不能只以价格为标准，最关键的还是要看房子适不适合您，如果房子您不满意，再便宜的价格您也不愿意买，对吧？”经过他这么一说，刘先生又恢复了原来购买的决心。

在上述销售案例中，王勇就很好地把握客户的心理活动。当客户对房屋的环境产生兴趣时，他不失时机地给客户描绘入住之后的美好愿景，乘机加强客户的购买欲望；当客户犹豫徘徊的时候，他又引导客户走出“唯价格论”的误区，说得客户心服口服。这样的销售策略很值得大家借鉴。

重点提示

1. 熟悉客户购房的心理过程可以帮助销售员更好地挖掘其真实的需求。

2. 客户不同的心理阶段需要不同的营销策略。

为客户提供几种选择

有什么样的需求，就有什么样的选择。销售员推销二手房的过程，也是和客户进行一场心理较量的过程。要想尽快成交，需要了解和掌握客户的心理需求。客户有什么样的心理需求，销售员就给他们提供什么样的选择。客户需求决定了销售员供给房源的类型和开发的方向。

目前市场上购买需求无外乎以下几种：

1. 新婚购房需求

针对此类需求的人群，销售员提供的房源主要以小户型为主。新婚宴尔，二人世界，卧室的使用面积需要大一点，一般要求朝阳。但是总体面积无须过大，因为他们暂时没有赡养老人和抚养小孩的考虑，一般 50 ～ 80 平方米即可。此外，他们正处于置业的过渡期，将来会考虑换大户型的，所以比较注重房子将来出售和保值的功能。至于房子的价位，可能受父母的资助，首付比例会相对高一点，但是不可能一次性付清，一般他们都使用公积金贷款。结完婚，没有多少积蓄，拥有私家车的可能性比较小，所以还应该找一处交通便利的房源，而且选择的地理位置最好是周围有医院、商圈、菜市场等生活成熟区域。销售员在提供房源的时候，需要按照上述新婚购房的特点为客户推荐房源。

2. 投资购房需求

如果面对的是有投资意向的客户，销售员需要选择有升值空间的房源，或者是稀缺性，不可再生的房源，此外老城区或者学区小户型的房源也是理想的选择。投资型住房的地理位置最好选定在城市的中心区域，或者城市景观区域，抑或者是将来有规划潜力的行政或商业中心。此类二手房除了地段要求严格以外，楼层和朝向的选择也不能含糊，最高和最低的楼层都不在考虑的范围之内。

3. 教育需求用房

此类用房对于地理位置的要求非常严格，必须位于学校的附近，步行距离 15 分钟左右为宜，面积以小户型为主。一定要能够购房入户入学区。房屋的楼层和朝向要求较为宽松。

4. 改善型用房

改善型购房主要是指对目前的居住条件不满意，需要重新购置房产来满足对居住的要求。此类住房主要用于两代或者三代成员居住，一般以三室一厅，或者两厅为宜。面积要求在 90 平方米以上，这类大户型房源对地理位置要求不太严格，但是小区的绿化环境要相对好一点。

在二手房销售的过程中，销售员可以给客户提供新婚用房、投资用房、教育用房、改善型用房等几种选择。客户会根据自身不同的需求做出不同的选择。

情景案例

销售员："张姐，您好。请问有什么可以帮助您的吗？"

客户："我随便看看。"

销售员："好的，请问您是需要什么类型的房子。咱们这里房源丰富，有投资型用房，有教育型用房，也有改善型用房……我可以帮您介绍。"

客户："我父母身体不好，我打算把他们接过来照顾，家里的房子小，一下子住不下六七个人，所以我想换个大点的房子。"

销售员："您可真是一个既孝顺又有责任心的人，人说'百善孝为先'。您父母有您这样的女儿一定很欣慰。根据您的家庭情况，建议买一套改善型住房，我们这里正好有一套××公园附近的大户型的房子，您父母闲来无事，可以在公园健健身，锻炼锻炼，您不妨过来看一看。"

……

不知不觉地，客户在销售员的引导下很快产生了兴趣，之后的一切沟通也顺理成章。

客户需求是销售员提供选择的前提和基础，销售员只有了解了客户的心理需求，推荐才有方向性。案例中，销售员一开始为客户提出多种房源选择，当得知客户的家庭结构和真正需求时，立刻针对性地为客户推荐了改善型住房。这种摸准"命门"的销售，其结果自然是朝着顺利成交的方向发展。

重点提示

1. 客户的心理需求是销售员提供选择的基本依据。

2. 根据客户的基本需求，销售员可以提供新婚用房、投资用房、教育用房、改善型用房等多个房源选择。

学会恰到好处地赞美客户

赞美是一种低成本、高回报的人际交往法宝。一个优秀的销售员总能从客户众多缺点中找到一个优点来夸奖。恰到好处的赞美可以让客户心情愉悦，畅所欲言，同时大大缩短双方之间的距离感，为挖掘客户真实需求创造一个良好的条件。

1921 年，夏布被美国钢铁大王卡内基以 100 万美元的巨额年薪聘请担任 CEO。当时有很多人问卡内基为什么选定的对象是夏布。卡内基说："他最会赞美别人，这是他最值钱的本事，他懂得如何让自己的客户开心。"由此可见，赞美对于维护客户关系相当重要。

有些销售员由于受传统观念的影响，容易陷入赞美的认知误区。他们觉得赞美是一种虚伪、做作的表现，很不习惯赞美别人。其实，在西方国家，人们把赞美当成一种礼节，一种习惯，毕竟每一个人都喜欢听到赞美。所以要想拉近与客户的关系，营造轻松愉悦的聊天氛围，销售员需要养成一个赞美别人的习惯。当然，销售员在赞美客户的过程中，也要遵守一定的原则，把握一些赞美的技巧，这样才能把赞美使用得恰到好处，才能把话说到客户的心坎里，否则起不到融洽客户关系的作用。

要想成为一名顶尖房地产销售员，必须了解和掌握赞美的几大原则。

1．赞美要真心实意

虽然说赞美可以使人高兴，但并不是所有赞美的话都能起到愉悦身心的目的。只有那些实事求是，发自内心的赞美才能引起客户的好感。没有事实依据、虚情假意的赞美只会让客户觉得你莫名其妙，甚至虚伪做作，假使引来人品的质疑，那就得不偿失。

2．赞美要因人而异

买房的客户形形色色，各不相同。他们既有男女之分，又有老幼之别，况且职业还不尽相同。如果销售员能抓住客户的基本特点进行赞美，会受到更好的效果。如果买房的是一家公司的领导，你不妨夸他高瞻远瞩、运筹帷幄；如果客户是一位斯文的知识分子，那就夸他学富五车、博古通今；如果客户是一位经商的生意人，可以夸他头脑灵活、生财有道等。反之，没有特点的夸奖会给人一种拍马屁的嫌疑。

3．赞美要把握好分寸

赞美是人际交往的润滑剂，适度的赞美可以增强客户的优越感和成就感，如果整个谈话过程都充斥着赞美之音，势必会让客户怀疑你的真诚度。

4．赞美要一视同仁

有的销售员面对那些功成名就，有身份、有地位的人不自觉地卑躬屈膝、赞美连连，而对于那些穿着朴素、不起眼的客户就爱搭不理，更不会说什么溢美之词了。对于这种拜高踩低的丑陋行径，销售员要坚决杜绝，因为它损毁的不仅仅是个人的形象，而且还有整个公司，乃至整个房地产行业的声誉。

当然，销售员在把握这些基本原则的基础上，还要使用一些小技巧。比如，赞美一定要投其所好，客户只有面对自己感兴趣的话题才愿意多聊。销售员可以在客户畅所欲言的过程中，趁机了解其心理活动，探明其心理需求。

赞美可以拿自己做对比，这样显得格外真诚。赞美的形式多种多样，不一定非要说赞美的话，一个赞许的眼光、一个夸奖的手势、一个友好的微笑也可以建立和谐愉悦的人际关系。

情景案例

王浩是北京某房地产公司的一名成熟的销售员。有一天，他在销售过程中，遇到这样一组客户，一位中年男人带着四五岁的小男孩来买房。在沟通的过程中，谈判出了点问题。这时，王浩注意到一旁的小男孩，向客户问了句："您孩子的小手长得真好看，手指纤细修长，很有钢琴家的潜质。"这时，中年男人听了非常高兴，说："你说的不错，从小他对音乐就有兴趣，很有节奏感，我正打算给他报一个特长班呢！"就这样，王浩和那位男人围绕着他儿子聊了很多，两人顿觉关系熟络起来，那位男人的话匣子也一下子打开了，说了很多关于买房的想法和看法，结果很顺利就成交了。

赞美是房地产销售常用的话术，它是拉近销售员和客户距离最有效的手段。在上述案例中，王浩就用赞美巧妙地化解了销售中的尴尬。在建立和谐关系的基础上，成功地完成了销售的任务。

重点提示

1. 赞美是和谐销售员和客户关系的重要手段。

2. 赞美别人要恰到好处，把握好基本的赞美原则和技巧，才能达到预期的销售效果。

从各种细节洞察客户的内心

学会从细节洞察客户内心，是销售员攻心说服客户的必备技能。一般而言，我们所说的细节主要通过客户的眼神、声音、微笑、手部动作、坐姿、站姿等身体语言和口头语言表现出来的，而且客户的身体语言往往比口头语言更诚实。销售员要想促成最终的销售任务，首先得从这些细节入手，准确把握客户的心理。

与肢体语言相比较，客户的口头语言更能直观地反映客户的真实想法和心理活动。如果客户询问的话题跟房屋的入住、售后服务、物业管理、费用、付款方式及购房的优惠有关，那么十有八九他的心理已经产生购买的意愿。客户对销售员的介绍表现出一种积极的肯定和赞扬，也是其购买心理的一个外在表现。销售员如果能从具体的细节，识别客户购买的心理和成交的信号，及时把握住成交的时机，那么成功销售的可能性就会大大提高。

客户的表情也可以传递其心情和状态。客户的表情如果是冷漠、质疑、深沉的，说明他对你所介绍的二手房并不感兴趣，你需要及时调整自己的销售策略。如果客户表现得亲切随和，并且面带微笑，说明他对你推荐的二手房有一定的认同，你需要再接再厉，一鼓作气，促成交易。

对于销售员而言，眼神也是观察客户心理变化的一种途径。瞳孔的放大和收缩真实地反映着客户的心理变化。若客户的眼睛转动由慢变快，瞳孔放大，眼神明亮而有神采，则表明他心情愉悦、兴奋，对你们的合作很有兴趣；瞳孔收缩，则表明他心情不高兴，态度不积极；如果瞳孔没有变化，则表明他对自己所看到或听到的事情漠不关心，或者没有兴趣。如果嘴唇紧抿意味着他在思考、权衡着什么。销售员要善于观察和分析，发现细节背后隐藏的真正意义，从而解读客户的内心，把握客户传递出来的信息。

《礼记·乐记》中写道："凡音之起，由人心生也。人心之动，物使之然也。感于物而动，故形于声。声相应，故生变。"由此可见，人的声音是会随着内心世界的变化而变化的。如果客户声音清凉顺畅，则表明他的内心是愉快畅达的；如果客户声音平静，则表明他内心比较平和；如果客户说话支支吾吾，则表明他说话不真诚。不管怎样，你都得识别其中的意义，以便工作的开展，销售的顺利进行。

美国心理学家经过长期的观察研究发现，坐姿也可以反映人的性格和心理。如果客户是"弹弓式"坐姿，通常暗示着这个人冷酷、自信，给人一种轻松自如的感觉。这种姿势有点施压，挑衅的意味，针对这样的客户，销售员只需跟他做出一样的姿势，形成对等的地位，这样客户的态度才会另有改观；如果客户听完你的二手房介绍摆出一个"准备就绪"的坐姿，暗示他接受你的观点和意见，成交的概率会很大，反之如果客户听完之后摸摸下巴，然后双臂交叉，则表示他对你有一种防备的心理，那么这次合作成交的可能性不大。

总之，人的身体就像一个无法关闭的传送器，时时刻刻传递着自己的心情状态，销售员要善于从这些细节当中发现有价值的信息。只有摸准了客户的心理活动，才能增加成交的可能，提高销售的效率。

情景案例

刘女士准备买一套二手房，她在附近的二手房中介转了一上午，也没有找到合适的房子，不是位置不中意就是价格不合适。她感觉很累，心里也很不高兴，不知不觉又转到了一个房地产公司，这时一个销售员过来询问她是否买房，刘女士随便应了一句。销售员看她眉头紧锁，就知道她买房不太顺利。

于是就安慰刘女士说：“大姐，看您很累的样子，不如过来坐一会吧，先休息一下再说。买房是一辈子的大事，急不得，您总得挑一个自己喜欢而且价格合适的。”

一句话说到刘女士的心坎里，于是她便坐下来和销售员详叙了整个买房的经过。销售员从刘女士只言片语的表述中了解了她理想中的房源，于是便给她推荐了一套符合条件的二手房，而且价格还便宜了很多。刘女士一看，便眉毛上扬，露出一种欣喜之态，但很快又皱起眉头，她问：“价格这么便宜，房子是不是有什么毛病啊？”销售员赶紧做了一番解释，然后刘姐眉开眼笑地和销售员达成了合作。

眉语也是客户表达情绪和态度的一种方式。在上述的案例中，销售员正是通过眉语读到了客户心理的变化，才及时地调整了销售方法，最终促成了双方的合作。

重点提示

1. 客户的心理活动会通过各种细节表现出来。

2. 要想正确解读客户内心，引导客户成交，销售员需要学会“听其言，观其行”。从客户说话流露出来的神色和举止把握其内心的情感走向。

巧妙引导，让客户自己说出购房预算和购房动机

购房预算和购房动机是研究客户心理很重要的两项内容，如果销售员能够准确把握客户的心理活动，那么对于将来的顺利成交具有很大的帮助。

买房花费的金额巨大，是一件人生大事。很多置业客户初次接触，购买经验几乎为零，他们只会盯着房价，却不知道围绕买房还会衍生出契税、个人所得税、营业税、交易费、佣金、物业费等一系列缴费项目，如果考虑不周的话，很容易造成预算超支，甚至出现买得起住不起的尴尬局面。因此，作为一名专业的置业顾问，销售员应该帮助客户做好购房预算。

在实际工作中，很多客户对于销售员存有一种戒备心理，担心过早透露购房预算，会让自己谈价过程中陷入被动局面，有损自己的利益。要想突破客户的心理防线，销售员需要巧妙引导，让客户说出自己的购房预算。首先站在客户的立场上对客户顾虑表示理解，然后从专业的角度出发，让客户明白只有对购房预算有一个明确的了解，销售员才能为其推荐合适的房屋，而且客户选房的时候才不至于盲目冒失，浪费时间。倘若绕过价格这个敏感话题，客户有可能忽视物业、税费等其他费用的计算，最终做很多徒劳无功的事情，严重影响购房效率。如果客户能了解销售员的真实用意，相信他也会放下顾虑，积极配合。

了解购房预算和购房动机是销售员促成交易必不可少的环节。了解购房预算需要巧妙引导，了解购房动机也不例外。

购房动机指的是置业者的购房目的，它是促使置业者购房的真正动力，同时也是影响客户购买行为的重要因素。

每个人购房都会有其目的，有的人是为了给自己一份安全感，有的人是为了工作变动，有的人是为了改善居住环境等。销售员在售卖过程中必须掌握客户的购房动机，然后有针对性地调整自己的介绍方向和营销策略，增强成交的概率。

不同的动机将导致不同的行为模式，动机的强弱将引发客户购房行为的快与慢，购买决心的强与弱。销售员在接待不同购房目的的客户时，必须先掌握其购房动机，然后通过立即购房的快乐心理体验，或不立即购房的痛苦心理放大，促进客户购买决心形成及决策速度加快。

在销售行业有一条黄金法则：“能用问的，绝不用说。”有调查数据显示，70%以上的人都对销售员的说话方式不满，所以为了避免客户的反感，销售员不可喋喋不休。精明的销售员会在销售的过程中用一些巧妙的询问来有意地引导客户。提问分为两种类型，一种是开放式提问，一种是封闭式提问。

开放式提问是让客户充分自由地阐述自已的观点、意见及陈述某些事实现状，促进对话的进行。另外，通过客户的阐述也能让销售员捕捉到一些有用的信息，便于了解客户的真正购房动机。比如，“选择购房的时候，您觉得哪些因素最重要？”“您觉得这套房子怎么样？”如果客户在意的房屋面积和户型，那么他就有可能是为改善居住环境为目的的。如果客户不满房子的地理位置，想要一所靠近学校的房子，说明他的购房动机是孩子上学。

封闭式提问是销售常见的提问形式，它没有给客户更多的选择的空间，用于获取更加具体和详细的信息，能有效缩短服务的时间，增强工作效率。比如，“您是想选择教育型住房还是投资型住房？”“您买房是为了孩子吧？”根据客户的答案就可以推断出其购房的目的是什么。

不管是哪种提问形式，销售员在提问之前需要建立一个和谐融洽的谈话氛围，否则一问一答，客户会有种被质问的感觉。此外，销售员也不可连续提问，也不可以涉及客户的隐私，否则客户会反感的。

情景案例 1

销售员："王姐，您可以跟我说一下购房预算吗？"

客户："不急，我先看看。"

销售员："王姐，是这样的。我们这里有很多的房源，如果给您一个一个介绍的话，肯定会浪费您宝贵的时间，如果您能告诉我大致的购房预算，我才可以给您推荐符合要求的房源。"

客户："我需要一个大户型的房子，一家三代都能住得下。"

销售员："好的，那您预期价格是多少？"

客户："……"

销售员："王姐，您心里有顾虑我也能理解，我也知道买房是一笔金额巨大的交易，以前我的很多客户买房刚开始不太了解情况，只是一味注重房价，忽视了契税、个人所得税、营业税等各种税费和物业费，结果弄得严重超支，给生活带来很多的压力。当然了，我并不是针对您，只是我作为一个专业的销售员，觉得有义务让您了解清楚这些情况。"

客户："我明白你的意思，不过还真的谢谢你提醒，我以前还真的不知道买房需要这么多的附加费用。那咱们一起合计合计这个购房预算的问题。"

情景案例 2

销售员："张小姐，您这次买房是为了投资还是自住？"

客户："自住。"

销售员："刚才听您说是同婆婆一起住是吧？"

客户："是的。"

销售员："看来您的婆婆一定对您很好吧？"

客户：“唉，我也一言难尽，也不是说她对我不好，只是她总爱管着我，没有一点自由，针对孩子的教育问题，也有很多分歧。”

销售员：“能理解，家家都有本难念的经。隔代人相处肯定会有代沟，天天住在一起，难免有些摩擦。我那时也是一样，婆婆总是对我有意见，还好我们买房买得早，人们常说距离产生美，还真是这样，现在我们的关系好多了。我有个同学就惨了，因为结婚时家里住房紧张，和婆婆住了两年，后来不得不贷款买房。两年中，她同婆婆的关系一直很僵，就是搬出来这么长时间了，她们的关系还没有缓和。所以，我觉得要搬就得早点搬，同婆婆关系没有破裂之前搬出来，这样对大家都有好处，您说是吗？”

客户：“嗯，你说得太对了。”

案例 1 中，面对客户的顾虑，销售员采用“如果您能……，我才……”的句式，有效地缓和了谈话的氛围，然后向客户详细解释了解购房预算的必要性，当客户意识到销售员是站在她的角度为她着想时，自然放松了警惕，积极地配合起来。案例 2 中，销售员先采用封闭式的提问探明客户的购房动机，当客户道出婆媳矛盾时，销售员不失时机地举例子摆事实，扩大痛苦，激发客户早下购买决心，以节省销售时间，提高销售效率。

重点提示

1. 让客户说出购买预算和购买动机离不开巧妙引导。

2. 想了解客户的购房预算，销售员需要向客户耐心解释了解预算的原因。要想了解客户的购房动机，销售员需要用提问的形式加以引导。

第七章 深入、高效地与你的“上帝”进行沟通

销售是一项沟通的艺术。与客户深入、有效地沟通是房地产经纪人达成销售任务的必要环节，良好的沟通是拉近双方关系的重要纽带，更是建立客户信任和好感的桥梁。要想与你的“上帝”实现良好的沟通，保持心灵的沟通是前提条件，获得客户好感和联系方式是沟通进行下去的必要因素，让客户“意犹未尽”是促进良好沟通的重要手段，分析客户购房决策则提供了沟通的方向。如果销售员能将本章节的沟通技巧悉数掌握，并能灵活运用，那么你就是销售界的沟通达人。

销售就是要持续不断地与客户进行心灵沟通

人们都说世界上最远的距离是心与心的距离。销售员要想和客户达成深入、高效的沟通，也需要重视与客户的心灵沟通。人都是有感情的，销售员如果能站在客户的角度，换位思考客户在意的问题，就很容易抓住客户的心理需求，引起客户的共鸣，从而实现心与心的沟通。

换位思考是心理沟通的先决条件。销售员如果能采用这种逆向思维的方式，站在客户的角度思考问题，就不难理解客户的想法和需求。换位思路就是把自己想象成客户，自己尽量说服自己购买，如果达不到说服的效果，那么进一步思考自己的哪些需求还没有得到满足，是否得到满足之后才愿意购买。销售员若能成功实现自我的推销，那么客户也会接受你推销的房源。

房地产销售员要想与客户实现心理的沟通，不妨参考以下几个沟通技巧。

1. “望”——听的技巧

它要求销售员能认真倾听，适时确认。不管是哪种形式的交流，一定要专注认真地听客户讲话，并且听的时候带有一定的目的性。俗话说：“言为心声。”销售员总能从中发掘客户有意或无意流露出的对销售有利的信息。

在听的过程中可以不失时机地提问，一方面表达对客户讲话的重视，另一方面确保对客户讲话的内容正确理解。销售员只有准确把握客户的意图，才能很好地实现心灵的沟通。

2. “闻”——观察的技巧

观察是销售过程中必不可少的技能。在与客户沟通过程中，客户的一个眼神、一个表情、一个不经意的动作等这些身体语言比口语更能反映客户的心理状况。一个优秀的销售人员一定要善于观察，迅速读懂客户的身体语言，并适时地给予回应。一套房源的卖点有很多，如果销售员给客户介绍这套房源具有依山傍水、空气清新、智能化设施齐备等优势，客户眼睛一亮，说明你目前讨论的住房环境就是他的利益关注点，不妨接着把这个话题讨论下去。总之，销售员可以根据自己观察到的细节，调整自己的销售方案，这样也很容易与客户进行心灵沟通。

3. “问”——提问的技巧

在获取一些基本信息后，提问可以帮助销售人员了解客户的需要、客户的顾虑及影响他做出决定的因素。

在谈话氛围尴尬的情况下，销售员可以问一些客户感兴趣的一般性的问题，即便和销售无关也没有关系，目的是缓解气氛，使双方轻松起来。

待到时机成熟时，可以问一些引导性的问题，渐渐步入正题，激发客户对产品的兴趣，引起客户的迫切需求。比如，客厅挑高 4.95 米，采光性和透风性都很好，另外还赠送入室花园等，抛出这些利益优势，客户就会产生了解的兴趣和欲望。利益需求往往是引发客户心灵共鸣的一个重要因素。

不过在与客户沟通的整个过程中，销售员不可操之过急，尽量与客户的思维进度的频率保持基本一致，在条件不成熟的情况下，“心急吃热豆腐很容易烫嘴”。当然了，“机不可失，时不再来”。销售员也应该把握好成交的良机，在该提出签单要求时，千万不要担心遭到拒绝而贻误机会。

4．“切”——解释的技巧

解释在销售的推荐和结束阶段尤为重要。在推荐阶段，为了说服客户购买而对自己的公司、房源的卖点、服务的内容等做出解释和陈述，以达到成交的目的。在销售接近尾声时，会涉及许多实质性问题，双方为了各自的利益会产生些分歧，这就给双方的合作交易造成障碍，这些障碍需要及时合理地磋商和解释来化解。

为了便于客户理解，销售员做出的解释需要简明扼要，思路清晰，逻辑性强。如果解释的内容像懒婆娘的裹脚布——又长又臭，客户就会听得云里雾里，找不到侧重点在哪里。当需要阐述细节问题时，应避免不痛不痒的细节，该展开的一定要展开，该简洁的一定要简洁，尤其在向客户推荐时，不能吞吞吐吐。

当然，成功的销售除了语言简洁之外，还应该避免使用专业化的术语，倘若客户听不明白你所表述的意思，也很难实现心灵的沟通。

古人云：“人事之最难在于知人。”而在如今的房地产销售行业里，“商事之最难在于知心”，如果销售员能与客户实现心灵的沟通，那么寥寥几句就能说到客户的心里去，这样双方的沟通才更为深入、有效，销售的效率也会大大提高。

情景案例

在一次二手房销售过程中，销售员刘同按照客户的要求推荐了两套房源给她，可是客户听后始终没有什么反应。

刘同："张女士，您对房子还有什么其他的要求吗？或者我哪里做得不到位，欢迎您评批指正。"

客户："还好，没什么。"

"没什么？"刘同心里纳闷了，"既然没什么不满意的，为什么会对我的介绍这么冷淡？"

客户："就是感觉你给我介绍的房子平方米数有点大了，而且你说话好快，我根本没有听清你说的是什么，更没时间理解和消化。"

刘同："实在对不起，这是我的问题，我马上给您再详解介绍一遍。"

心灵沟通建立在理解、领悟的基础之上。客户之所以一脸漠然，是因为她根本没有明白销售员刘同说了些什么，从这个案例中，我们可以得出一个结论：只有准确把握客户需求，让客户真正理解、领悟销售员说话的意图，才能实现心灵的沟通，急于求成最终会给交易造成障碍的。

重点提示

1. 心灵沟通是与"上帝"深入、高效沟通的重要途径。

2. 销售员与客户心灵沟通的技巧可以通过"望闻问切"四个方面实现。

好的销售员光接电话就能赢得客户好感

电话是二手房销售的一个重要途径。电话一响，一个可能成功交易的机会就"远在天边，近在眼前"。如何把握好电话销售的机会，赢得潜在客户的好感？这是很多销售员苦恼的问题。

电话销售是每一个二手房销售员的必修课。要想与客户实现深入、高效的沟通，销售员需要把握电话接听的时机，注意自己声音和语言，说话文明礼貌，这样才能给准客户留下一个好的印象，赢得他们的好感。

1．接听电话要选择合适的时机

一般来说，最完美的时间，最适合的时机是在电话铃响后的第三声接听，这是成功电话销售员的经验之谈。民间有一句谚语叫：“工不到，事不成；气不成匀，饭不熟。”这句话告诉我们把握好火候很关键。同样的道理，接听电话也要把握好时机。接听过快，客户会觉得你太闲，进而脑洞大开，联想到你的房源质量不过关，公司声誉不好，没生意可做等，或者有时接听太快，客户都还没有想好要说什么；接听过慢，客户会觉得自己没有受到重视，甚至会因为等得太久而变得不耐烦。所以过快过慢接听电话都不合适，只有把握好合适的时机才能给客户留下一个好印象。

2．悦耳的声音会赢得客户的好感

声音是从事电话销售人员的第二长脸，一接听电话，客户首先听到的就是你的声音。通常情况下，客户在接通电话 15 秒之内能否将谈话进行下去，很大程度上取决于你的声音是否对他具有吸引力。悦耳的声音能让客户痴迷陶醉，舍不得挂断电话，刺耳的声音则会让客户果断拒绝。

大量的销售案例表明，悦耳的声音通常具有洪亮、磁性或者柔和、甜美等特征。销售员如果能在声音悦耳的基础上，加上一些赞美和幽默的成分，更加容易提高声音的感染力和客户的好感度。

3．逻辑清晰、情绪饱满、吐字清楚地说好每一句话

作为一名房地产销售员，如果在接听电话时组织不好语言，逻辑混乱，颠三倒四，客户会如丈二和尚摸不着头脑，倍感郁闷；情绪是一个人精神状态的体现，如果销售员话语冷淡，语调平平，客户听了怎么会有兴趣继续跟

你谈下去呢？电话销售吐字不清也是一大禁忌，客户用尽力气，伸长耳朵，也听不出个所以然来，不生气才怪呢！最后要强调的是，从拿起电话的那一刻起，就要记住自己说的每一句话都要有价值，倘若废话连篇，毫无价值可言，那对于客户来讲，就是一种骚扰，更别提获得客户好感了。

4．说话文明礼貌，维护好自己的形象

一个人的语言习惯是其综合素质的外在体现。销售员的一言一语代表的是自己的职业形象，如果时时处处讲文明、懂礼貌，维护好自己的形象，自然能赢得客户的好感。假如一接电话，张口就喊："喂，你谁啊？有事吗？""喂喂，你大点声行吗？""你先等等，我有点事要忙一下。"这样的语言，你的"上帝"听了肯定不会高兴的，更不能达到有效沟通的目的。一个有职业素养的销售员通常都会用文明礼貌规范自己的言行，比如："您好，×× 房地产公司，请问有什么需要帮忙的吗？""对不起，请您大点声好吗？""不好意思，再占用您两分钟时间。"……如此彬彬有礼，落落大方的对话姿态客户怎么会没有好感呢？

在大多数情况下，客户的购买行为是由其个人的感性思维决定的，而客户情感的好恶又与好感度紧密关联。所以电话赢得客户好感是每一个房地产销售员必须掌握的技能。

情景案例

小勇是某房地产公司新来的一名员工。一天上午，公司的电话铃响了，小勇立马快步流星地奔向电话，猛抓话筒。

小勇："您好，×× 房地产公司，请问有什么可以帮助您的吗？"

电话那端一片沉寂。

小勇：“喂？喂喂？怎么没动静啊？这不忽悠人吗？”

小勇一边抱怨着，一边欲挂电话。这时电话那端响起一个女声。

“谁说我忽悠你了？我这边听得清清楚楚，你的信号不好吧！”

这时，手握话筒的小勇一脸的尴尬。

每一次电话都意味着一个可能成交的机会。只要是面对潜在的客户，销售员都应该认真对待。案例中，小勇的错误在于没有把握好接听的时间，而且还随意抱怨牢骚，从而让自己陷入尴尬的局面。要想赢得客户的好感，树立自己的形象，销售员应该时刻注意自己的言谈举止，不给客户留下任何一个抹黑自己的机会。

重点提示

1. 要想与客户进行深入、高效地沟通，销售员首先需要电话赢得他们的好感。

2. 接听电话赢得客户好感的秘诀：把握接听时间、说话文明礼貌、声音悦耳、思路清晰等。

快速获得客户联系方式的 10 个技巧

在销售行业，大家有一个共识：销售不跟踪，等于一场空。跟踪不马虎，签单率提升 50%！而跟踪的前提就是留下客户的联系方式。但由于如今信息诈骗频次高、花样多，很多客户出于安全的考虑，都不愿把自己的联系方式轻易泄露。对此，销售员不要灰心，不要气馁，其实想要快速拿到客户联系方式是有很多技巧可循的。

1．利用来电显示

这是一种比较简单的方法，销售员只需从客户的来电显示中记录下来即可。当然记录的同时也不要忘了问一句：“尾号为 ×××× 是您常用的电话号码吧？”目的是确保记录的准确性和追踪的有效性。

2．突然提问

人在无意识的情况下，其行为是不受理智支配的。销售员如果在交谈中突然提问，客户会猝不及防，不自觉地说出自己的电话号码。

3．刚坐下洽谈时就索要

从生理上来看，占人体比重比较大的部位就是臀部，大多数人都有一种惰性，一旦坐下之后，如果没有急事，就不太愿意很快地再站起来。所以，销售员可以利用客户生理和心理的双重特性，客户在了解完房源介绍之后，刚一坐下，销售员就应该拿出电话号码记录本让客户填写，电话号码记录本上一定要有大量的别的客户联系方式，否则客户会有安全顾虑的。这一细节会给客户两个心理暗示，一是别的客户的电话号码都记录在册，我要是不同意写，好像有点不好意思；二是别人都放心地把号码写上去了，应该不存在什么安全问题吧？不管那么多了，反正要出问题，大家都倒霉，我也不怕。

4．及时反馈新信息

销售员以反馈新消息为由，询问客户是否可以留下电话号码，以便及时告知。比如：“您先留个电话号码，等房东确定价格之后，我第一时间通知您。”“您方便留一个电话号码吗？如果以后有合适您的房源，我会立马联系您。”

5．直截了当地问

有的时候，简单一点未尝不是一件好事。销售员不妨直接开门见山地问：

“张女士，您的手机号码是多少？”“王先生，这是我的电话号码，您的电话号码是多少？方便透露一下吗？我给您拨过去。”

6．以忙为由索要号码

销售员可以假装很忙的样子，请求客户留下电话号码，待会再回拨过去。这是一个正当合理的借口，一般客户很难拒绝，比如：“真是不好意思，我现在这边有一个客户需要接待，方便把您的联系方式告诉我一下吗？十分钟之后我给您回过去，详细介绍这个房源的具体情况。”但这种方式有一个弊端，仅限于暂时不方便看房，又着急了解情况的客户。

7．以信号不好为由索要电话

事贵应机，兵不厌诈。销售员可以假装信号不好，听不清楚，大声地问“喂？喂？您的电话是多少？我给您回过去！”

8．利益诱导法

俗话说：“无利不起早。”趋利避害乃人的本性使然。销售员如果能用利益作为诱饵，相信很多客户都不会有“免疫力”的。比如：“过段时间我们公司有一个楼盘的优惠政策，把您的电话号码告诉我一下，一有好消息，我及时通知您。”

9．假装不懂留电话

销售员告诉客户这个问题自己不太清楚，要查询或者询问主管，请示业主等，另行告知，请客户留下电话。

10．套近乎索要

在和客户问候寒暄之际，发现互相是同乡或者具有某种共同喜好时，直接对客户说：“难得在这么大的城市还能巧遇老乡，感觉真好！老乡见老乡，以后多来往，咱们互留个联系方式，以后也有个照应。”这时，你就可以大大方方地拿出手机，要求客户告知电话号码。如果发现有共同爱好，比如都是绘画爱好者，可以套近乎说："哎呀，咱们真是志趣相投啊。下个星期××地方要举办一个绘画展，留个电话吧，咱们到时候一起参加，可好玩了。"这样自然而然地就要到了客户的手机号码。

获取客户联系方式，看似简单，其实内里有很多技巧可用。销售员如果能把这些技巧熟练记忆，灵活运用，那么就可以扭转销售中的被动等待的局面，积极询问，主动出击，胜算才会更大一些。

情景案例

销售员："先生，您好，××房地产，请问怎么称呼？"

客户："我姓刘。"

销售员："您好，刘先生，请问有什么可以帮助您的吗？"

客户："请问你们这里是不是有一套××公园旁的房子要出售？"

销售员："是的，刘先生。

客户："你可以把这套房子的详细情况给我介绍一下吗？"

销售员："当然可以，只是我这边正好有个客户需要接待一下，您方便的话，留个号码，10分钟之后我再打给您，给您详细介绍，好吗？"

客户："呃……那个房子价格有点高，能不能优惠一点？"

销售员："刘先生，真的不好意思，这个我也不太好说，但是据我估算还有降价的可能。这样吧，您把电话号码告诉我，我和房主再商量一下，然后回您电话，您看好吗？"

客户："哦，好的，我的电话是156××××。"

案例中，为了获取客户的联系方式，销售员采用的是迂回战术，假装很忙的样子，向客户索要电话。对此，客户很显然是有所顾虑的，但是就着客户的话题，销售员又采用了利益诱导法，最后成功获取了客户的联系方式。

重点提示

1. 客户的联系方式是销售员与其深入沟通的重要工具。

2. 快速获取客户的联系方式是有技巧可循的，销售员需要熟练掌握这些技巧，为进一步的跟踪和沟通做好准备。

介绍房源要让客户“意犹未尽”

弓太满则折，月太满则亏，这句话告诉我们做任何事情都要适可而止。同样，介绍房源也不可“知无不言，言无不尽”。让客户适当了解其中一部分的房源情况，然后再留下一点悬念，这样才能吸引他进一步面谈。假如客户对房源的所有信息都悉数尽知，自然就没有继续沟通的兴致了。所以为了不让自己陷入被动的局面，销售员在房源介绍时，最好给客户留下一种“意犹未尽”的感觉。

销售员在给客户介绍房源时，如何设置悬念，让客户“意犹未尽”？可参考以下要领。

1. 通过提问而非陈述引发客户的好奇心

如果销售员不厌其烦地一味介绍房源的基本信息及优势特点，平铺直叙地介绍会让客户始终处于被动接受信息的状态，即便了解完毕，也会觉得你们掌握的房源也不过如此，进而失去购买的动机。反之，如果通过提问的方式巧妙引导，就会激发客户的兴趣，使客户自然而然地想知道到底是什么，这样就有了深入了解房源及与销售员进一步见面的热情。

2．利用群体趋同效应

在与客户交流的过程中，如果其他所有人都有着共同的趋势，客户必然也想加入进来，而且通常想知道更多房源信息。例如，销售人员说："坦白地讲，赵女士，您关注的这套房子已经有很多人都打电话咨询了。要是有兴趣的话，就抓紧吧，咱们约个时间我带您看一下。"当她听到"很多人打电话咨询"时，肯定想知道这套房子究竟有什么优势，这么多人都对它感兴趣。基于人们从众的心理，这位客户也会主动地参与进来。

3．不给客户提供全部信息

一般的销售员总是想方设法满足客户的好奇心，而金牌销售员则是设法激起客户的好奇心，然后紧紧抓住客户的"意犹未尽"进行深入推销。很多人都会有这样的生活经验：一步悬疑电视剧，如果有人提前剧透，当你了解全部的剧情时，也就失去了继续看下去的兴致。所以，销售员向客户介绍房源时不能提供全部信息，提供全部信息会大大降低客户进一步参与的欲望。试想一下，如果客户已经掌握了他们想要了解的所有信息，他们还会对你的会谈产生好奇吗？他们又有什么理由要听你的销售陈述呢？因此"欲语还休"，给客户留下一点悬念，这样才能成功激发他们进一步了解探索的欲望。

4．显示利益的冰山一角

人们对自己有利的事情总是没有抵抗力的。如果销售员能把利益当诱饵，相信很多人都会经不起诱惑，想进一步打听了解。比如，"我给您推荐的这套房子私密性很高，全方位采光，而且视野很好，您想不想了解一下？"这么一说，客户会忍不住想要了解下去。

总之，在房源介绍时，激发客户深入交流的关键在于设置悬念，让他们"意犹未尽”。但是激发客户兴趣的同时，千万不可故弄玄虚，以免引起客户反感。

情景案例

销售员：“您好，我是 ×× 房地产公司的 ××，请问有什么可以帮助您的吗？”

客户：“你好，我看见网上说你们在 ×× 商贸附近有一套两居室的房源，想具体了解一下。”

销售员：“是的，请问先生您贵姓？”

客户：“免贵姓张，请问具体的位置在哪里？”

销售员：“张先生，您说的那个房源就在 ×× 区 ×× 路上，紧挨地铁，交通很便利。”

客户：“哦，房子怎么样？”

销售员：“房子是年前装修过的，焕然一新，而且采光条件也很好，如果您有兴趣的话，我带您看看去吧。”

客户：“好。”

销售员：“今天下午 4:00，您有时间吗？”

客户：“我考虑考虑。呃……可以。”

销售员：“那好，咱们今天就按约定的时间在 ×× 商贸门口见面，我带您看房去。”

客户：“好的。”

针对客户详细了解的请求，销售员并没有全盘托出，只是在一问一答中让客户了解了房源的具体地理位置，新装修及采光条件，具体装修到一个什么程度，户型怎么样，小区环境好不好等这些具体问题，还有待于进一步考察。客户的“意犹未尽”让销售员获得了进一步深入沟通和带看的机会，从而增加了成交的概率。

重点提示

1. 介绍房源时让客户“意犹未尽”，可以为销售员提供一个与“上帝”深入沟通的契机。

2. 在介绍房源时，杜绝平铺直叙、和盘托出，巧妙提问，利用客户的从众和趋利心理都可以让其“意犹未尽”。

千万不要怠慢那些“不像要买房”的人

北宋著名文学家苏轼说过：“来而不可失者时也，蹈而不可失者机也。”作为一名房地产销售员，应该抱着一种积极的心态，不要轻易错过任何一个销售时机，更不要随便放弃任何一个潜在客户。

凡是有点经验历练的人都知道，客户不可能没有一点买房的意向就随便看房源。基于这样的认知，每一个潜在的客户都可能变成精准的客户，所以千万不要忽视和怠慢那些“不像要买房的人。”那些在店门口闲逛，看似没有购买诚意的人，其心理活动无非有两种：第一，暂时没有买房打算，看见房源信息就想停下来看看，顺便了解目前二手房市场的房价走势和行情。第二，没有找到符合自身要求的理想房源，不想过早与销售员扯上关系。客户不管处于哪种境况，都有购房意图，也都本能地躲避房地产销售员。通常他们会打着“我随便看看”的幌子拒绝销售员热情地询问，如果销售员行为举止不恰当就会失去这个潜在的客户。

弱者总是等待时机，而强者总能创造时机。对于金牌销售员而言，对待每一个“不像买房的人”都可以主动创造条件，让他对房源产生兴趣。兴趣是沟通的基础，如果销售员说的话能让客户在30秒内产生兴趣的话，客户基本上就卸下了心理的防备。这样你们就有进一步深入沟通的机会。

每个人都有占小便宜的心理，利用“利益诱发法”也可以成功争取到那些“不像买房的人”。比如，销售员可以告知那些潜在的客户业主由于周转资金，或者要去另外的城市发展，着急出售房子，这样客户就会觉得有利可图，乘机压价，所以就有了进一步了解的欲望。

情景案例

一天，某房地产中介门口来了一位中年妇女。她没有直接走进店里，而是一直不停地浏览店门口的盘源架。销售员小飞热情地上前询问，她以“我随便看看”为由回绝了小飞。

被拒绝的小飞并没有灰心，接着说道：“咱们这里有丰富优质的房源，您有什么具体要求，跟我说说，我帮您推荐符合您需求的房子。”

中年女人还是接着看她的房源信息，头也不抬一下。面对客户的无动于衷，小飞沉思片刻，说道：“昨天刚刚有一位业主委托我们出售一套两居室的房源，她要出国结婚定居，所以着急出售国内的房子，不知道您有没有兴趣了解一下？”

那位中年女人立即抬头问道：“是吗？房子怎么样？你帮我具体介绍一下。”

进店经过一番了解，女人对房子各方面都比较满意，并且和小飞约定第二天带着丈夫一起看房子。

在上述案例中，看似没有购买诚意的客户，在销售员抛出一些利益诱惑之后，就轻易“上钩”了。客户得知业主着急出售的消息，推断该房源有较大的谈价空间，于是欣然接受了销售员的介绍。

重点提示

1. 每一个潜在客户都有可能变成精准客户，因此不要怠慢那些“不像买房”的人。

2. 面对那些“不像买房的人”，销售员可以利用他们爱占小便宜的心理，使用利益诱导法激发其购买兴趣。

分析客户购房决策，促其购买决心

客户的购房决策直接关系到交易的成败。所以，在整个购房过程中，销售员需要了解和把握客户的购房决策，不断帮助客户建立购买信心，鼓励购买行为，直到交易完成。

通常来讲，客户在做出购房决策时会经历以下五个阶段，下面分析一下。

一、确认需求

客户需求是支配其购买行为的根本动因，也是激发其做出购买决策的关键因素。而需求可能是因为内部或外部的刺激而引起的，所以客户的需求可以被创造。销售员要想把房子推销出去，首先需要唤起客户对房子的需求。

现代消费方式已经由被动接受型转为诱导消费型。人们通过报纸、电视、互联网等媒体可以看到成千上万的房源信息，购房者受到这些外部信息的刺激很有可能产生购房的需求。销售员必须十分清楚地了解客户对二手房实际的或潜在的需求状况，同时还须清楚了解通过哪些因素的刺激可诱发购房者的需求。客户只有产生了购房的需求，才有可能做出购房的决策。

二、信息收集

一个人如果身体缺水，感觉口渴，期望得到水，且只有喝到水才能消除口渴的感觉。同样的道理，客户对二手房产生强烈需求，只有买到房才能满足自己的需要。然而在大多数情况下，客户的购房需求是无法立即得到满足的，这时他们便会积极收集有关的资料来提高对二手房的认知能力，通过人际关系积累经验和教训，以便为下一步的方案评估提供参考依据，做出最终的购买决策。

在客户收集信息的阶段，销售员可以通过各种渠道给他们提供大量的房源信息，这样为客户参与购买提供多种可能性，进而提高了成交的概率。

三、方案评估

客户根据收集到的各种信息，对每一个方案进行对比、分析，然后再结合自己的标准和偏好，对各处房产做出评估判断，最终选出符合自己要求的二手房。对于房产销售员而言，尤其重要的是要找出客户在进行方案评估时重点考虑的因素，在推荐销售的过程中投其所好进行强化，以加强其购买的决心。

四、购买决策阶段

在购买决策阶段，影响客户购房决策的因素仍然有很多。

1. 购房者以外的其他人的态度

如果客户有一个在房地产深有研究的朋友，那么这个朋友的意见会在很大程度上左右客户购房的决策。如果这个朋友对于客户选定的某一处房产持有反对意见，而且两人的关系密切，那么客户就很有可能改变自己的购买意图，反之亦然。

2．购房者的风险意识

客户的风险意识也有可能影响其购房决定，面对购买房产这么巨额的交易，客户无法立即预知购买的这套房产会有哪些潜在的风险，因此会担忧焦虑。对于房地产公司而言，建立自己的品牌形象和口碑至关重要；对于销售员而言，提高自身的营销技能，打消客户的安全顾虑非常关键。

五、购后行为感受

客户在二手房成交之后，会将使用效果与自己当初决策过程中对房产的各种预期进行比较检验，全面地考虑自己的决策是否明智、合算，这就是客户购房后的行为感受。

如果对房产的感受超出预期想象，那么他会满意于自己当初所做出的决策，甚至会感觉自豪，并会向其他潜在的客户介绍房地产公司的种种好处；相反，如果对房产的感受低于期望值，就会产生失落、愤懑的负面情绪。有的客户甚至会把责任都推到销售员身上，并且把这些负面情绪向周围人散播。这样房地产公司的形象势必会受到影响。

因此，销售员在销售过程中不要为了业绩，随意胡编乱造，夸大房源的功能和优势，以免引起客户过高的期望值，最终影响了自己的声誉。一旦引起客户的不满，销售员应尽力做好售后的弥补工作，将客户的不满情绪降至最低点。

情景案例

2016 年夏，小崔打算和相恋多年的女友结婚了，按照计划，他们打算在北京市买一套二手房做婚房。

小崔现在每看报纸就会首先翻到置业版块仔细看，网上发布的每条房源信息他也认真翻阅，还不时打听同事买房的情况。原先看到那些死缠烂打的房地产销售员就头痛，现在主动去跟他们攀谈，在他们的带领下频频看房。

小崔最后打算在 ×× 花园和 ×× 雅苑两个小区中选择一个。于是，他从户型、单价、交通、设施、周边环境等几个方面反复对比甄选。最后，他觉得 ×× 雅苑的房源性价比更高一些，于是决定购买那个小区里的房子。

销售员问小崔是要付全款还是按揭，小崔选择首付 3 成，7 成按揭，20 年还清，而不是付全款。

小崔收到房源钥匙后顺利入住。可是，这时候小崔听说房子降价了，对比后发现自己每平方米多掏了 200 元，于是心里很不是滋味，觉得自己花了冤枉钱。住了半年，小崔对社区环境和房屋质量很满意，于是见人就夸，自己买的这个房子还是物有所值的。

案例描述了客户小崔做出购房决策的全过程。需要购置婚房是需求认知阶段，翻阅报纸网络是信息搜索阶段，两个小区之间对比斟酌是房源的评估阶段，权衡之后决定购买是决策阶段，按揭付款是购买阶段，顺利入住是消费阶段，质疑价格是再评估阶段，夸房子物有所值是反馈阶段。销售员只有逐一了解了这些购买决策阶段，才能进行针对性的引导，提高双方之间的沟通效率。

重点提示

1. 了解和把握客户的购房决策对于提高沟通效率具有重要的意义。

2. 客户的购房决策大致会经过五个阶段：确实需求、信息收集、方案评估、购买决策、购后行为感受。

尊重客户的朋友就是对客户最大的尊重

买房是一笔金额巨大的交易，所以客户往往会非常慎重。为了保险起见，他们在看房的过程中往往会带一个信得过或者懂行的朋友做参谋。那么，销售员面对这个“第三者”，应该持什么样的态度呢？毫无疑问是尊重了。

客户的朋友虽然不是购房行为的最终决策者，但却可以极大地影响客户的购买意愿，如果是负面的干扰，无疑会给成功销售造成阻碍。所以，销售员应该一视同仁地给予他应有的尊重。倘若能获得客户朋友的认可和肯定，他们也会和销售员站在同一战线上给客户做思想工作，这样一来，无疑有利于推进销售的进度。

在销售行业，每一个人都是潜在的客户。这个“第三者”将来某一天说不定也会成为你的准客户。销售员的表现如何，很有可能会影响他们今后在房产交易时是否会选择该家房地产公司。当然，一个人的能力和精力是有限的，销售员能顾全所有人的感受固然好，如果保证不了当前客户的服务，千万不要本末倒置，毕竟客户才是你目前工作的重心。至于同行的朋友，销售员尽量做到不冷落就好。

情景案例

小玲是某房地产公司的金牌销售员。她从业多年，经手的案子成千上万，面对客户“拉帮结派”的阵势早就习以为常了。

一天下午，她的一个目标客户带着三个人的“陪审团”前来看房。小玲赶紧上前迎接，她一边开门，一边热情地说：“各位请进，先在这边稍坐片刻，我们公司为大家准备了小茶点，大家可以品尝一下。这边是我们公司的一些宣传资料和房源信息，如果感兴趣的话，随便翻阅。”然后她又把自己的同事小朱叫过来，特意嘱咐他如果自己照顾不过来的话，让他帮帮忙。随后，小玲陪客户洽谈，小朱在一旁不断地给客户的“陪审团”添茶送水，答疑解惑，并且耐心地询问他们是否需要其他的服务。洽谈结束后，他们又约好了看房的时间，然后眉开眼笑地离开了。

俗话说：“不看僧面看佛面。”对客户朋友的尊重也是对客户的尊重。销售员小玲从进门之初，对待客户和他的朋友就一视同仁，都给予了应有的尊重。为了避免顾此失彼，小玲还专门请了同事一同协助，最后热情周到的服务成功获得客户的认可。

重点提示

1. 尊重客户的朋友就是对客户最大的尊重。

2. 销售员在与客户洽谈的时候，需要眼观六路、耳听八方，适时地顾及客户朋友的感受，必要时还可以请同事一起协助。

公司累积的客户要设法留住

“铁打的营盘，流水的兵”。对于房地产公司来讲，销售员离职是很正常的事儿，但是前任销售员遗留下的客户资源不可忽视。

这些累积的客户之所以选择再次登门，是因为他们对公司是比较信赖的，对前任销售员还抱有好感。因此，新的销售员不能辜负他们的信任，在接待时，对前任销售员离职的情况要坦诚相告，然后认真做好后续的服务工作。当然，为了留住他们，销售员有必要对前任销售员的工作适当地表示肯定，以此来获得客户的同感和共识。有些销售新人，为了赢得客户的好感，故意贬损前任，抬高自己，最后只能是搬起石头砸自己的脚，因为没有人喜欢落井下石、背后诋毁他人的人，客户也不例外。

新接待的销售员在后续服务的过程中，需要巧妙提问，快速获取客户信息，增进双方的沟通和了解。并且针对客户的具体情况，耐心地为其提供帮助，以拉近自己与客户的距离，早点建立牢固的信任关系。在沟通的过程中，要准确把握客户的关注点，及时有效地满足客户的购买需求，扮演好客户新一任房地产经纪人的角色。

情景案例

销售员：“先生，您好。请问有什么需要帮助您的吗？”

客户：“我找你们公司的张伟。”

销售员：“哦，不好意思，张伟他前天离职了。我是和他业务对接的小张，您有什么需要尽管和我说，很高兴为您服务。”

客户：“哦，这样啊，好好的，怎么说辞就辞了呢！上个礼拜还约好今天一起看房呢！”

销售员：“是这样的，张伟母亲得了大病需要做手术，家里没人照顾，所以他不得不辞职陪护。”

客户：“小伙子还挺有责任感！看来你们公司的员工还挺靠谱的啊！”

销售员：“谢谢您的夸奖。我刚刚听说您是和他约好一起看房的，您指的就是那套 ×× 商贸附近的两居室的房子，对吧？”

客户：“嗯。”

销售员：“哦，好的，您稍等一下，我现在就拿钥匙陪您一起去。”

不管客户点名要哪位销售员，只要上门，就是公司的客户。案例中，销售员面对客户对前任销售员辞职的疑问，坦诚相待，据实告知，反而赢得客户对公司的信赖和好感。对于后续的服务，该销售员也毫不含糊，文明礼貌，诚心相待，相信最后一定会获得客户的认可，顺利完成销售任务。

重点提示

1. 负责交接的销售员对待累积客户要坦诚相待。

2. 要想留住累积客户，销售员需要快速获取客户信息，准确把握客户的需求点，用优质的服务赢得其信任和好感。

第八章
提炼二手房的独特卖点

“用人者，取人之长，辟人之短；教人者，成人之长，去人之短也。”同样的道理，二手房买卖也要学会提炼其独特的卖点。销售员如果能学会各方面的优势评估，懂得运用房源缺陷的介绍技巧，那么明显的优劣对比很容易让客户做出购买的决定。

为每一个房源提炼自己的独特卖点

中国有一句歇后语叫：彭祖遇寿星——各有千秋。其实，世界上每一个独立的个体都是与众不同的，房源也不例外。每一个房源都有其他房源所不具备的独特性。销售员要做的就是擦亮自己的眼睛，从每一个参差不齐的房源当中提炼其独特的卖点，然后把这个独特的卖点和客户的需求点逐一“对号入座”，这样销售工作就变得轻松很多。

正如俄国哲学家、文学评论家别林斯基所说的，“一千个观众眼里就有一千个哈姆雷特”。换个角度看问题，就会有不一样的风景。也许在客户眼里，盯着都是房源的缺陷，但是换个角度，房源的缺陷未尝不是房源的优势。所以，面对客户的挑剔，销售员要做的就是换个角度看问题，把房源的缺陷转换成房源的独特卖点。

位置偏远——绿化条件好，而且远离尘世的嘈杂，尽享静谧的生活。

郊区乡镇——价格低廉，空气清新，有机会拥抱大自然的一草一木，又何尝不是一种幸福?

坐拥繁华闹市——交通便利，周围功能设施齐全，吃饭、逛街、购物、娱乐等方便快捷。

挨着臭水沟——很多人买房讲究风水，如果有河湾水沟的话，上风上水，宜居之地。

旁边有水池——保持周围空气湿润，纯净。“半亩方塘一鉴开，天光云影共徘徊。”别有一番浪漫风情。

地势高——雨季不易积水，而且视野开阔，俯瞰全城。

地势低洼——私属领地，受风小，冬暖夏凉。

楼顶是圆的——巴洛克风格，是欧洲文化的典型艺术风格。

楼顶是尖的——哥特式风格，充满奇特、神秘之感。

户型很差——个性化户型设计，稀缺绝版户型。

边上是荒草地——绿化面积大，空气清新，满眼绿意，愉悦身心。

紧挨银行——紧邻中央商务区。

比邻学府校舍——浓厚人文学术氛围，家里孩子上学方便。

靠近医院或诊所——一房在手，看病无忧。

接近小卖店——便利生活，触手可及。

挨近火车道，地铁口——出行便利，四通八达。

边上有五星酒店—— CBD 核心区。

公交车多——地理要害，交通枢纽。

没有公交——私属领地，生活安静静谧。

离主干道远——你能听到的只有“宁静”。

紧邻主干道——你到任何地方永远只有一步。

法国著名雕塑家罗丹说过：“世界上不是缺少美，而是缺少发现美的眼睛。”对于每一个房地产销售员而言，要想把房源成功推销给客户，首先要练就一双发现“房源卖点”的眼睛。当然，如果客户就是死盯着房源的缺陷不放的话，销售员不妨以“这世界没有绝对完美的房源”为由劝说，客户只要是有点生活阅历和感悟，相信都会被说服的。最后，希望上述罗列的房源卖点能给大家起到一个启发和借鉴的作用。

情景案例

客户：“您给我推荐的这个房子，交通便利是好事，但是临街位置，住进去会不会太嘈杂？晚上吵得睡不着觉怎么办？”

销售员：“张大姐，您多虑了，房子虽然临街，但是墙体厚，双层玻璃，隔音效果非常好，不会影响您休息的。”

客户：“小王，你再看看这个楼体颜色太深了，看着真不舒服，这个小区规划的前后左右宽窄不一，买房很忌讳这个，风水不好。”

销售员：“张大姐，中国有一句话叫：‘金玉其外，败絮其中。’如果光看外在的形象，没有真正的实用价值，我相信您也不会看上它的。虽说楼体颜色深一点，但是您看这个房子的户型多完美啊，两个大卧室朝南，光照充足，而且南北通透，通风条件良好，如果您住进去一点也不用担心阴暗潮湿的问题。晚上俯身下看，窗外车水马龙，川流不息，华灯璀璨，一股现代都市气息扑面而来，非常的舒心惬意。”

客户：“呃……”

销售员：“大姐，您看这房子周围地铁、公交、超市、卖场、医院、餐饮一应俱全，您说住进来之后，生活多便利啊。您也知道，这个世界上就没有十全十美的东西，咱们要做的就是抓住自己认为最重要的，您说对吧？”

客户：“好吧，你说的有道理。那就选它了。”

世界上没有卖不出的货，只有卖不出货的人，只要能找到产品的卖点，就不愁推销不出去。案例中的销售员就快速抓住房源的卖点：户型完美和生活配套设施齐全，巧妙引导让客户相信瑕不掩瑜，最后用房源的使用价值说服了客户。

重点提示

1. 每一个房源都有其独特的卖点。

2. 要想顺利完成销售任务，为客户推荐的房源的卖点必须契合其需求点。

介绍二手房缺陷的 3 个技巧

业主售房，容易遮羞包丑、自卖自夸；客户买房，容易谨小慎微、百般挑剔。作为买卖双方的纽带，销售员不仅需要学会提炼房源的卖点，而且还得掌握介绍二手房缺陷的技巧，这样才能把房源成功推销出去。

语言是销售员得力的武器。面对客户的挑剔，如何介绍，什么时候介绍，这是值得销售员仔细推敲的问题。以下是 3 个可供参考的方法和技巧，大家不妨一读。

1. 诚实守信，实事求是

在介绍二手房的“软肋”时，销售员需要讲究诚信原则，遇到二手房的缺陷，不妨实事求是地告诉客户，遮遮掩掩不是长久之计，即便是现在瞒过客户，客户以后也会发现的。倘若能坦诚相告，反而能赢得他们的尊重与信任。

2. 淡化缺陷，回归需求

每个房屋都不可能是十全十美的。客户指出房源的缺陷，或者说出一些指责抱怨的话，并不代表他们彻底放弃这个房源，相反，这表明这个房屋有吸引他们的地方。正因为“爱之深”，所以“责之切”。此时，避虚就实就是介绍二手房缺陷最有效的方法，把介绍的重点放在房屋吸引客户的地方，放在客户的主导需求上，放在客户最关心的利益和价值上，正所谓“大醇小疵”，最终也不会影响客户购买该房源的决策。

3．先贬后褒，凸显优势

每个房屋都有两面性，房屋存在某方面的缺陷，同样它也会存在某方面的优点。有时候改变事物的先后顺序也能引起质的变化。比如，“澳门的中国人”和“中国的澳门人”，同样是六个汉字，仅仅因为排列顺序的不同，却道出了澳门同胞“丧失主权无限悲哀”“回归祖国无比自豪”的两种截然不同的情感。因此，销售员也可以借鉴此法，通过改变房屋优缺点的介绍顺序，最终达到理想的说服效果。范例如下：

（1）“我给您推荐的这个房屋环境优美，紧靠全市规模最大的森林公园，小区内有山有水，意境优美，就是地段偏了一些，离市区比较远。”

结果：先介绍优点，最后再承认缺陷，这样客户记住的是缺陷。

（2）“我们这个楼盘地段有一点偏，正是因为远离了繁华俗世的喧嚣，才会有这么郁郁葱葱的森林公园，才会有这么绝美的山水景致与您相邻为伴。我相信，以您的实力在市区买房是完全不成问题的，但是只有在这里，才能享受宁静清幽、悠闲自得的惬意生活，您说是不是？”

结果：先承认缺陷，然后生动而详细地介绍优点，这样给客户留下最深印象的是房源的优点。

因此，在给客户介绍二手房的时候，销售员一定要先说缺点，再重点阐述优点，这是一种淡化劣势、强化优势的好方法。

任何事物都有两面性，销售员在介绍房源概况时不要惧怕缺陷，诚实守信方为销售之本，方法技巧乃是经营之道，只要引导客户双向思考，就不怕客户不接受有缺陷的房屋。

情景案例

客户：“这套房子怎么还有一间黑房？”

销售员：“是的，这套房子唯一的缺憾就是有一间黑房。不过，说实在话我们平时工作繁忙，早出晚归的，等到家天就黑了，要亮灯，所以对于您也没有太大的影响；而且等到周末休息的时候，这样的环境氛围正适合您睡一个美美的懒觉。关键正是因为这间黑房，这套房子比同等地段的房子足足便宜了 4 万元。”

客户：“你说的也有道理，可是有这么一个黑屋子我心里还是别扭。”

销售员：“这确实是美中不足的地方，但是正是因为这种情况，让您在这么繁华的地段享受这么便宜的价格，您想想这地段，正处在 ×× 路和 ×× 街的交叉口，四通八达，出行多方便呀，您当初选择这个房子，不就看中了它交通便利吗？”

客户：“嗯，你说的也对，那就这样定了吧！”

每一套房子都不是十全十美的，它既有有缺陷的一面，也有客户认为有价值的一面。案例中的销售员就巧妙地运用了销售技巧，面对客户提出的缺陷，实事求是，坦白承认；积极引导，让客户看到“黑房”有利的一面，淡化了房屋的缺陷；最后先贬后褒，着重强调了房屋的优势，把话题引向了客户的需求上，使得客户不得不认同这样的说法，不得不做这样的购买决定。

重点提示

1. 诚信乃立业之本，销售员在介绍房源缺陷时切忌欺瞒哄骗。

2. 淡化缺陷，凸显优势，调换房源优缺点的介绍顺序，帮助客户回归需求，分清主次，这些都是介绍二手房缺陷的技巧。

位置、绿化与噪声评估及卖点提炼

任何一套房子都有它的优点和缺点，聪明的房地产销售员非常善于捕捉房屋的卖点吸引客户的注意力。房屋的位置、绿化、噪声是客户购房时重点考量的因素，因此销售员要懂得从这几方面提炼房屋的优势，并且以此来俘获客户的心。

1. 房源的位置

评估一个房源是否具有位置优势，一般要看楼房之间的间距，如果间距太小，采光一定会有影响的。如果楼房之间的间距合适，那么房屋就有一定的位置优势。此外，销售员在卖房的时候也要观察楼房的位置有没有临近马路、与附近公交站点的距离、与停车场距离的远近。如果楼房所处的方位没有靠近马路和停车场，那么它受噪声和灰尘的影响相对较小，如果能靠近公交站点，出行方便，那么它就有独特的位置优势。

2. 房源的绿化

评估小区的绿化主要看房屋周边的植被覆盖率有多大，这是衡量小区绿化的一些硬性指标。此外，提炼房屋绿化卖点还可以参考以下几个角度：

（1）封闭管理的安全性

可以保证小区绿化环境只为所在小区居民服务的，增进购房客户的私密感，同时小区环境的安全与安静也得到有力的保障。

（2）日照时间的充足性

绿地要有充足的日照时间，这样可以给购房客户描绘一幅阳光和煦、绿意盎然，闲暇之余放松健身，共享天伦的生活愿景图，刺激客户购买的动机。

（3）绿化植物的优越性

一般小区的植物景观是绿色的主体格式，以乔木、灌木、花卉、草本、藤蔓植物有机结合，根据它们的种类和习性的相似性组成层次丰富适合该地自然环境条件的人工园林。如果销售员能够充分阐述居住环境的优越性，比如绿化树木能改善空气质量、吸收灰尘、减少噪声污染等，相信购房者很难拒绝这样的理想居所。

（4）绿化设计的实用性

为客户展示小区园林绿化设计中的实用性，比如小区内布置座椅、儿童活动区等设施。这些设施可以满足小孩嬉戏，老人活动、品茶、下棋及客户体育锻炼、健身等需要。

小区园林绿化可为客户以及其家人提供一个清新的环境，所以在选购房子时客户会考虑这方面的因素。销售员要重视绿化优势的渲染，给客户一个购买的理由。

3．房源的噪声

一般评估房屋的噪声主要看其所处的位置是否靠近马路、是否商住一体、是否靠近小区活动区域、是否临近小区车库、出入口等，如果房屋远离这些噪声发源地，居住环境自然很安静。

总之，房屋的位置、绿化、噪声是客户购房重点考虑的因素，销售员可以从这几方面入手，提炼房子的独特卖点，以增加房源对客户的吸引力。

情景案例

客户："这个房子价格这么贵？比同地段房子高出好几百元呢？"

销售员："张先生，您有所不知，这房子之所以比别处贵，是因为它所在的小区环境好。您俯身往下看，这儿的绿化率达到了50%，植被多可以有效改善空气质量、吸收灰尘、降低噪声污染等，对您和家人的身体健康都有极大的好处。而且这个小区内配套设施齐全，室内活动室、儿童游乐区、篮球场等一应俱全，您在闲暇之余散散步、打打球，既能锻炼身体，又能呼吸到新鲜空气，多好啊！"

客户："我承认这小区环境挺好的，但是房价还是有点贵。"

销售员："张先生，您也知道，一分钱一分货的道理，正是因为它好所以才贵。如果让您买一个环境脏乱臭的小区，相信再便宜的价格您都不愿意。更何况小区环境的好坏直接关系着您和家人的生活质量和身体健康，多花一点钱就可以换来长久的健康和舒心，其实也挺值的，您说对吧？"

房屋卖点是客户购买的一大动力。案例中，销售员把小区的绿化环境作为一个卖点，引导客户朝有利的方向思考，慢慢淡化了房价贵的事实，这样客户很有可能被小区绿化优势所吸引，进而做出购买的决定。

重点提示

1. 二手房的卖点可以从房屋的位置、绿化、噪声等角度入手加以提炼。

2. 要想提炼房源位置、绿化、噪声等卖点，销售员首先要了解位置、绿化、噪声等方面的评估标准。

户型、地段与配套设施评估及卖点提炼

房源的户型、地段、配套设施是影响房价的关键因素，同时它们也是客户购房的重要参考点。因此，销售员要学会提炼房屋在户型、地段、配套设施等这几方面的卖点，然后利用这些优势吸引客户的眼球，最终达成交易的目的。

提炼卖点从房屋评估开始。下面我们分别从户型、地段、配套设施 3 个方面评估一下房屋的优劣，进而从房屋的优劣中提炼其独特的卖点。

1. 户型

户型是客户购买房屋时最为关注的因素之一。所以，销售员要对户型的卖点提炼给予足够的重视。通常情况下，房屋户型的卖点可从以下四个方面来提炼。

（1）方正

具备这种特征的房屋整体利用率高，倘若是拐角的设计，则会缩减客户实际的居住面积。家里人口多，买的面积不大的客户很适合选择方正的户型。销售员可以用实际居住环境最大化这样的卖点唤起客户购买的欲望。另外，讲究风水的人都知道，户型四四方方为至上。方正的户型会让户主发财，缺角的户型对房主不好。方正的户型对于讲究风水的客户来讲又是一大卖点。

（2）通风

一般来讲，南北通透的房子居住舒适。另外，高层（6 层以上）全南户型通风条件也很好。尤其是贯穿客厅南北有窗户的户型，更能保证空气对流。销售员如果碰到这样的房源，一定要把户型优势作为一个重要的卖点加以推销。

（3）客厅朝南，双卧朝南

三房以上双卧朝南，不管户型大小，客厅必须朝南，具备这样的条件就是好户型。此类房源最大的卖点就是光照充足，客户不用有阴暗潮湿的顾虑，居住起来健康舒服。

（4）布局合理

主要就是卧室门不能对着客厅，卫生间的门不能对着大门，主卧要靠着厨房和卫生间，要注意动静结合。这样合理的布置很容易赢得客户的青睐。

2. 地段

好地段的房屋大家都喜欢，但是，好的地段有什么样的评估标准呢？一般说来，交通是否方便、商业配套是否方便、环境是否安静、是否有升值的空间、是否有文化教育配套是衡量房源地段好坏的重要参考标准。如果你所推销的房源具有交通便利、商业配套完善、环境安静、有升值空间和文化教育配套设施等众多优势中的一种或几种，那么该房源就有地段优势。如果销售员以此作为卖点，相信能打动很多客户的心。

3. 配套设施

它主要包括市政配套、生活配套两个方面。

市政配套是指水、暖、气等。

生活基础设施应包括：

- 教育设施：托儿所、幼儿园、小学、中学等；
- 医疗卫生设施：卫生站、居住区门诊、医院；
- 文化体育设施：综合文化活动中心、体育场；
- 商业服务设施：综合食品商场、综合百货商场、集贸市场、药店及其他第三产业设施；

●金融邮电设施：银行、邮局等。

完善的配套设施可以给客户的日常生活带来很多的便利。如果推荐的房源附近有上述的便利设施，销售员可以把配套设施作为一个大卖点，说服客户做出购买的决定。

情景案例

客户：“你给我推荐的这个房子小区环境有点差，绿化面积也非常少。”

销售员：“王先生，的确是这样。虽然它绿化差了点，但是这套房子胜在地段好、设施全。一出门走一两分钟，就可以看见公交、地铁，对于您这样的上班族而言，出行多方便啊。而且这儿是城市的繁华地段，下楼您就可以逛商场，200米处有一个大的蔬菜市场，里面水果蔬菜花样繁多、应有尽有。出门左拐走100米，就可以看见一个卫生站，您要是生个病家门口就可以解决。而且咱们这附近还有一个小型的公园，选择在那儿晨练再合适不过了。”

客户：“你要这么说，这房子还挺好的。”

一个小有名气的地产人曾经在接受专访时说过：“没有卖不出去的房子，只有卖不出去的人。”的确，每一个房子都有其独特的卖点，房子卖不出去，很可能是因为销售员还没有抓住房屋的独特优势。案例中的客户对房屋的缺陷斤斤计较，但是在销售员一番优势介绍之后，房屋的缺陷很快被弱化，房屋地理位置和配套设施以压倒性的优势赢得了客户的认可。由此可见，提炼房源的卖点有多么重要。

重点提示

1. 户型、地段、配套设施是房源推荐的重要卖点。

2. 要想让房源获得客户的认可，销售员首先要学会评估和提炼房源在户型、地段、配套设施方面的优势。

朝向、电梯与邻里评估及卖点提炼

房屋的朝向关系着房屋的采光程度，楼房的电梯关系着客户出行的便捷程度，邻里关系影响着客户的生活质量。因此，对于购房者来讲，他们不会忽视这些细节问题。

1. 房屋朝向

因为太阳是从东方升起，西方落下，所以朝东的房子，早上不适合睡懒觉，如果不用起早上班的，卧室选择朝南的最好。朝西的房子，到了下午太阳西晒，夏天不凉快，冬天不保温，所以客户买房不会选择朝西的房子。如果是朝北的，冬天窗户迎着北风，室内温度会很低。因此朝南是最佳的选择，不仅光线好，而且也没有太阳直射，住着很舒适。当然，房子不会只有一种朝向可以选择的，不过一般人都喜欢南北朝向的，这样既可以保障良好的通风、采光条件，又契合了风水之说。因此，当销售员碰到坐北朝南的房源，朝向是一个不错的卖点。

2. 电梯

电梯楼一般都是框架结构，这类房子的隔音效果和抗震性都比较好。非电梯类的楼房一般都是砖混结构，抗震性较差，造价也低。因此，销售员如果碰到客户抱怨电梯上下班拥挤的情况，不妨利用这一优势转变客户的看法。

此外，一梯多户明显的优势是公摊面积小，所以客户所需支付的总价和物业费用也会相应降低，这是电梯楼房的又一卖点。

3．邻里

藏族有一句谚语叫："没有木头，支不起房子；没有邻居，过不好日子。"很多客户在买房的时候非常看重周围邻里的素质。的确，邻里的好坏对客户的生活有直接的影响，销售员要想把邻里作为销售的突破点，不妨引导客户看看整个小区的定位、小区的环境及小区的区位，如果周围环境干净整洁，说明邻里都是有素质的人；如果小区靠近科技园、大学城等，在这附近工作或者上学的人群，受教育程度也相对较高。其实销售员在引导客户认识邻里素质的同时也凸显了房屋的卖点。

情景案例

客户："这么高的楼层我出门很不方便的，如果赶上上下班的高峰时段，电梯挤得根本上不去。"

销售员："王先生，您说的确实很有道理。不过这种一梯四户型的楼房公摊面积少，你出的物业费用低，所占的实用面积也大。举个例子，同样是120平方米的房子，一梯四户型的实用面积是110平方米，一梯两户的实用面积只用100平方米，您这种电梯楼房在价格上也比一梯两户型少很多。"

客户："省钱是好事，但是上下班真的是一个大问题。下班还好说，多等几分钟也无所谓，可是我真的很担心，上班会迟到。"

销售员："王先生，您也知道买房买不到十全十美的房子，适合自己的才是最好的。您现在居住在六楼，楼层还不算太高，必要的时候，我建议您走走楼梯，只需提前出门两三分钟，既锻炼了身体，每年还能帮您省下一大笔物业费，我觉得这很划算，而且您上班是下楼，也不是太累。”

客户：“……”

销售员：“还有一点我差点忘了告诉您，电梯楼一般都是框架结构，这类型的楼房隔音效果和抗震效果最好了，您住进来也非常安心，不用担心噪声的问题。”

客户：“那好吧，就定这套房子吧！”

任何事情都有两面性。案例中的客户仅仅抓住了电梯楼房的弊端，销售员要做的就是捕捉到电梯楼房的卖点，让客户看到该楼房对自己有利的一面，这样瑕不掩瑜，在优劣对比如此明显的情况下，很自然地说服客户做出了购买的决定。

重点提示

1. 房屋的朝向、电梯与邻里是客户购房时重点考虑的因素。

2. 销售员要想提炼房源的卖点，首先得学会房屋的朝向、电梯与邻里等方面的评估。

第九章
千方百计促成客户签单

销售进行到最后的签单环节非常关键。客户的犹豫质疑、再三比较、和家人无休止的商量、三方的价格谈判、其他竞争对手和律师干扰都有可能成为签单路上的障碍。对此，销售员需要用沉着、冷静的态度从容应对，此外，一些沟通技巧也必不可少。只有理智的头脑加上灵活的营销技能才能促使客户顺利签单，成功完成销售任务。

犹豫、怀疑是客户的心理常态

面对跌宕起伏的房地产市场，很多客户总会放慢脚步，一边观望，一边质疑。尤其是国家出台房地产调控措施时，人们犹豫、怀疑的心态表现得更为明显。对于客户的决定，销售员应该理解，毕竟买房拿的是他们一辈子辛辛苦苦攒下来的血汗钱。然而，理解归理解，销售员不能对客户的这种心理常态置之不理，倘若因此而错失良机，那么自己之前花费的时间和精力岂不白费了?

要想快速促成客户签单，销售员还需要恰当地使用一些沟通技巧，给犹豫踟蹰的客户一个向前的“推力”。

1．询问客户拒绝的真正原因，对症下药

如果客户对二手房提出质疑，那么他一定有怀疑的理由。销售员需要进一步了解和探明客户到底存有哪些方面的质疑，然后再根据具体情况多方面、多层次的沟通，逐一打消他们的顾虑，进而推进销售的进度。

对于确实有购买诚意的客户，销售员需要进一步探求客户“以后再买”的真正用意。

（1）反问法：例如“您好像还有些顾虑，能告诉我为什么吗？”

（2）逆转法：例如“不着急购买，先看看再说，还是……”

（3）直接法：例如“您觉得这套房子哪些方面让您不满意？”

（4）实例法：例如“这是我们公司上个月二手房成交订单。”

（5）否定法：例如“关于这一点您不用担心。”

（6）资料法：例如“如果您还有什么不清楚的，不妨仔细看看这些参考资料……”

对于上述的各种方法，销售员可以灵活运用，独立使用或者综合运用均可，只要能引导客户说出疑虑，最终打消疑虑就行。

2．对拿不定主意的客户，充当其参谋

有些客户犹豫不决，是由于其性格本来就优柔寡断，没有自己的主见。对待此类性格的客户，销售员应尽量帮他拿定主意，扮演他的“军师”，为他出谋划策。

（1）提供选择

常用问话方式有：“您是想要大户型的房子还是小户型的房子？”“您买房是为了投资还是为了自住？”或“您是想要精装修房还是毛坯房？”

（2）提出建议

例如一位客户在挑选房源的时候问销售员：“买房子买什么楼层的房子比较好？”销售人员决不能说：“我喜欢住高层，看得高望得远嘛！”而应该说：“高层和底层各有各的好处，但高层遮挡物少，视野开阔，而且光照充足，很适合您这样的年轻人，您觉得我说的对不对？”这样既巧妙地说出了自己的意见，又促使客户做出最后决定。

（3）削弱缺点

有的客户在挑选房源时会找出房子的缺点仔细琢磨，这会影响他的购买决策。在这种情况下，销售员不妨先承认这个缺点，再削弱其缺点。

客户：“我很满意这个房子的格局和价格，就是离我上班的地方有点远。”

销售员：“这儿的位置确实有点偏，这是您犹豫不决的唯一原因吗？”

客户：“是的。”

销售员：“地段是稍微偏了一点，但正是因为这样，您上班不用担心拥堵的问题。再说您有私家车，出门也方便，只要房子的其他各方面都满意，这基本上不是什么大问题，毕竟世界上没有十全十美的事情，您说对吧？”

客户：“确实是这样。”

（4）把握最后的购买机会

客户：“这个房子我觉得还不错，不过我想再到别处转转。”

销售员：“这个房子一放盘就有很多客户预约看房，而且这么好的房源不多见，我看您很喜欢，您觉得它符合您的要求吗？”

客户：“好是好，就是……”

销售员：“假如您先到别处看看，就怕被别人抢先一步了，到时候您肯定会后悔的。”这样往往可以促其尽快采取购买行动。

总之，客户犹豫、怀疑的心态是促成二手房交易最大的障碍，销售员要想顺利拿到签单，需要掌握一定的沟通技巧，然后扫清这一障碍。

情景案例

销售员：“王姐，您好。我是××房地产公司的刘浩，上个星期我带您看过××小区的一套房子。看完之后您说要考虑考虑，不知道您现在有什么打算？”

客户：“不着急啊，买房的事儿先缓几天，咱们以后再谈。”

销售员："王姐，买房谨慎一点是好事，我也理解您，只是好房不等人，前两天又有一拨客户去看那套房子了，其中有一个客户很有购买意向。我就是担心你错过了这套房子，以后很难再找到性价比这么高的房子了。"

客户："房子是不错，可是我老公说楼层有点高，上下楼不方便，而且我邻居说买二手房不划算，还是新盖的楼好。"

销售员："哦，王姐，您也知道咱们那套房子虽然楼层有点高，但是每栋大楼都有电梯，上下楼也就是二三分钟的事儿，也花不了多长时间，您说对吧。至于您邻居的看法，我觉得新房和二手房各有各的好，二手房起码产权明确，而且能拎包入住，您不用经历漫长的等待，还省去了一大堆装修的麻烦事儿，而且价格还便宜很多，我觉得二手房对您来说也是一个不错的选择。"

客户："你说得也对。"

案例中的客户是一个典型的缺乏主见，办事犹豫拖沓的人。对此，销售员先表达了自己的理解，然后向客户汇报了看房的情况，目的是给她造成一种紧张感。接下来了解完客户犹豫踟蹰的原因之后，积极地为客户做思想工作，逐一淡化房源的缺陷，最后打消她的顾虑。

重点提示

1. 犹豫、怀疑是促成客户签单的一大障碍。

2. 面对客户的犹豫、怀疑，销售员最重要的是弄明白其拒绝的真正原因，然后对症下药。此外对拿不定主意的客户，销售员要为他出谋划策，消除顾虑。

沉着、耐心地进行三方价格谈判

价格是促成交易的一大关键因素。客户想用最低的价格购买，业主想要以最高的价格出售。销售员作为“牵线人”，既要照顾到买方的出价上限，又要顾及卖方的售价底线，那么如何让双方达成利益共识呢？这对于销售员来讲是一个考验。

在与客户、业主进行三方价格谈判时，为了不露怯，不慌张，销售员需要做好谈判前的准备工作，同时还需要了解一些谈判的注意事项。

一、谈判前的准备工作

1. 要先确定客户购买的心理价位，然后打电话告诉他因价钱差太多，业主说没有谈判的诚意，然后再补通电话说经过自己一番沟通劝说，业主勉为其难答应出来谈。反过来，对待业主也可如法炮制。

2. 为双方约好时间，告诉客户必须带定金，并且要加价再出来谈，否则不要浪费双方面的时间，并表示还有其他出价更高的客户，但尚未让业主知道，所以要把握机会。

3. 最好把业主这边的价格先商议下来并更改附表。

4. 清除现场资料（会议室资料及白板案源、橱窗广告），安排好谈判的地点，确定主谈和助谈人员。

5. 塑造双方稀有性，要让客户觉得房子很抢手，要让业主觉得客户很大方，互相珍惜这次谈判机会。

二、谈判中注意事项

1. 提醒在场所有人员将手机关机或调至静音状态，以免影响整个合同谈判的过程，并安排好买卖双方的座位。

2. 销售员谈判前要做自我介绍，还有买卖双方的相互介绍。

3. 在谈判过程中，既要保持不偏不倚、公正严明的姿态，还要懂得察言观色，见机行事，外表诚恳。

4. 谈判时要注意自己的语音、语速、语调。保持一个良好的工作态度，沉着冷静，不厌其烦，不卑不亢体现合同签署的公正性和严肃性，给客户和房主做一个好的引导和好的榜样。

5. 谈判人员要在谈判过程中掌控现场的谈判节奏和氛围，以防买卖双方牵扯到一些别的话题，分散大家的注意力，进而影响谈判的效率。如果谈判出现尴尬局面，建议暂时中止，搁置再议，或者是将双方分开，分别做思想工作，或者用幽默缓和氛围。

6. 谈判过程中，销售员应对整个交易过程及备件做详尽的讲解和描述，以体现专业、优质的服务，为下一步的签约奠定良好的基础。

7. 销售员应正确、耐心地解答客户提出的各种问题和疑虑，做好沟通疏导工作，但不可恣意妄言，口头担保有违反公司规定的事情。

8. 谈判过程中要及时掌握住客户的思想走向，预想到将要出现的状况和局面，及时协调和掌控。

9. 在和双方谈判时底气要足，不要被客户或房主的气势所压倒，沉着冷静，从容不迫地从中协调，有了好的心态才能有好结果。

10. 尽量避开双方有争议的问题谈，用其他的优势弥补或者淡化其劣势。

在价格交易条件存在差距时，三方面谈有助于缩小差距，加速中间环节，提高成交的效率。而在这个面谈的过程中，销售员只有熟练掌握了谈判的技巧和策略，才能快速完成预定的销售任务。

情景案例

王小勇是某房地产公司的一名销售员，最近他正在为销售一套二手房而给房主张先生和客户李先生“牵线搭桥”。为了早点签完单子，早点拿到佣金，王小勇计划着约张先生和李先生碰一次面谈谈这个一直相持不下的价格问题。

在三方价格谈判之前，王小勇事先和房主张先生打了个电话，告诉他李先生因为房子要价太高，所以事先很不愿意面谈，经过自己一番苦口婆心地劝说才勉强同意，希望张先生在房价上能让让步，珍惜这次商谈的机会。然后用相同的说法给李先生也去了一通电话。经过一番详细周密的安排，王小勇和买卖双方约好了见面的时间和地点。三方见面之后，首先相互之间简单寒暄和认识了一下，然后便进入谈判的主题。

王小勇：“张先生，您那套房子售卖价格考虑得怎么样了？”

张先生：“170 万元，我之前不是和你说过了吗？”

李先生：“什么？ 170 万元？早知道还是这个价格我就不来了。”

张先生：“我的房子年前才刚刚装修过的，那么新的家要 170 万元一点都不贵，装修费都帮你省了不少呢！”

李先生：“再新那也是二手房啊，我最多出 160 万元，多了就不考虑了。”

张先生：“什么？我的房子就值这么点钱？这简直就是白菜价嘛！”

王小勇和他的助谈人员小宋还没来得及说什么，心直口快的买卖双方就激动地争执起来。见场面有些尴尬，王小勇赶紧出面暂时中止了会谈，然后向小宋悄悄使了一个眼色，小宋随即心领神会。接下来王小勇随便编了个理由把张先生叫到另一个房间，小宋也赶紧上前端茶倒水，热情地招待起李先生来。

王小勇："张先生，您不要着急，您的心情我可以理解，房子刚刚装修完毕，您也想要卖一个好价钱，但是您的要价确实高了点，而且房子的地段有点偏，但是它却比同地段的房子每平方米多出七八百元了。您的房子一挂牌，看房的人都被您的价格给吓住了，只有李先生有购买的意愿。"

李先生："那我也不能160万元卖给他呀！"

王小勇："咱们这不是正在协商嘛，您这边稍微降一降，我们再给李先生做做思想工作，让他也出个诚心价，不就能成交了吗？"

张先生沉思了一会，然后郑重地说道："我可以让一步，少要两万元，再少一分我都不卖。"……

在王小勇找张先生压价的同时，另一个房间的小宋也没有闲着。

李先生："太过分了，你们说说，就他那个地段还要170万元，可笑不可笑？"

小宋："您的心情我可以理解，那房子地段确实是偏了一点，但是您有自己的私家车，出行也不是大问题，再说他的房子刚刚装修完，里面焕然一新，您也看到了。他装修的材料费用和人工费用也花了不少，而且里面还有不少值钱的家具，咱们是不是可以适当地加一点呢？"

李先生："那我再加两万元，多了就负担不起了。"

小宋："李先生，您看那套房子除了位置有点偏以外，各方面都非常符合您的要求，看得出来您也非常喜欢。这个片区像张先生这么优质的房源已经不多了，销路也很广，上次有个人164万元要买，张先生都没有同意。"……

经过中介人员一番"远交近攻"后，再次回到谈判场地的两个人情绪明显稳定了很多。在新一轮的谈判大战中，买房双方就各自的利益做了最大的争取，最后在王小勇积极协调下，张先生和李先生以165万元的折中价达成了交易。

对于房地产销售员而言，最重要的一项工作就是撮合买卖双方在价格上达成共识，完成交易。案例中王小勇为了完成好这项任务，设立了一些虚拟的环节。一开始未见面之前，他就分别给业主和房东拨了一通电话，电话内容是自己设想虚拟出来的，目的是给双方施加一点压力，促使双方各让一步。

在双方首轮谈判失败以后，王小勇赶紧中止谈判，缓和了尴尬的氛围，然后和助谈一道耐心引导，让双方认识到彼此的稀缺性，从而为双方心平气和地谈判创造了可能性，最后经过巧妙周旋终于达成了双方都能接受的价格，为顺利签单奠定了良好的基础。

重点提示

1. 价格谈判是促成客户签单最重要的环节。

2. 为了顺利完成三方价格谈判的任务，销售员需要做好充分的准备工作，了解一些谈判的注意事项，掌握一些谈判的技能技巧，这样才能早日签单，拿到佣金。

不能让买方和卖方有“吃亏了”的感觉

二手房买卖是一场心理的博弈，也是一场买卖双方的拉锯战。作为一个中间人，销售员要本着公平公正的原则，保持三方相互尊重、相互理解的主导思想，使买卖双方在平等自愿的前提下进行谈判，如果有一方觉得自己“吃亏了”，那么签单就无法完成。

为了实现双赢的局面，早日促成客户的签单，销售员需要从买卖双方当中巧妙周旋，使用一些营销技巧，让他们觉得自己在整个交易过程即便是没有小便宜可占，至少没有“赔了夫人又折兵”的受骗感，这样才能心甘情愿地配合销售员完成交易。

对于买方而言，当然希望自己的出价能够“屋”有所值。因此，销售员需要根据实际情况多给客户阐述房子带来的好处和利益。如果客户购买的是刚装修的新房的话，销售员还可以适当地赞美房东装修的价值，同情房东装修所付出的辛苦，再适当地加一些房屋的优势与亮点，将客户的注意力转移到房子的实用价值上来，这样他们在主观上会忽视房屋的价格，即便是想起房子的价格，也会认为自己买得很值。

还有一些客户会认为自己买的房子比别人家的贵很多。针对客户这样的质疑，销售员首先要当即否认这种情况存在的可能性，然后详细了解情况以核实客户所说的是否属实。若客户所言非虚，那么就明确告诉他这是特殊情况，可能买卖双方存在攀亲带故的关系。假如客户说的情况并不存在，也不能当场拆穿，如果客户的脸绿了，你的生意也就意味着黄了。对此，销售员采取的最有效的办法是拿出本小区过去成交的数据给客户看，从而证明他未吃亏。

对于卖方而言，肯定想把自己的房子卖出一个高价。所以，业主出售房屋要价都会高于市场参考报价，如何降低业主的开价且让他觉得自己没有吃亏呢？这是摆在签单路上的一道难题。对于有经验的销售员来说，他们通常会从业主房屋的实际情况出发，指出房屋的缺点或者通过同类对比的方式，打压业主的心理价位。此外，销售员还可以从当前的局势出发，帮助业主分析市场行情和趋势，让他们觉得降低报价并不吃亏。当然，看房者少也是威慑业主心理报价的一个重要方法，假如威慑真的起了作用，业主就不会觉得降低报价是一种损己利人的行为。

总之，为了拿到交易订单，销售员必须兼顾好买卖双方的利益，只有让他们觉得自己心满意足，你的佣金才能稳稳地落到自己手里。

情景案例

张杰是某房地产公司有名的营销高手。他常常用超强的语言魅力让买卖双方都觉得自己占了便宜，因此签单总是一个接着一个，赚得金银满钵。

他对客户是这样说的：

客户："这个房东要价还是有点高，我的预算就 110 万元，能不能再便宜五千元啊？"

张杰："业主当初要价是 120 万元的，是经过半个月的不断游说才勉强同意以 115 万元出售，我们已经为你压了 5 万元了。要不是他着急出国，他说绝对不会同意以这么低的价格出售的。如果您再降价的话，他会亏得很惨。八成新的家具免费送您也就算了，如果连装修费都要倒贴的话，那就真的说不过去了。"

他对业主是这样说的：

张杰："李先生，随着楼龄增长，房屋会产生折旧。现时的小区建设越加完善，配套设施也愈加齐全，旧的楼宇会加快贬值的。再说客户是一个很注重生活品质的人，您房屋的采光条件欠佳，光线暗是她非常介意的问题。所以咱们是不是可以根据实际情况可以再适当地让一步。"

尽管很多人都讨厌那种"遇人说人话，遇鬼搭鬼腔"的圆滑与世俗，但是不得不承认使用这样的交涉技能在销售行业很能吃得开。案例中的销售员张杰就深谙此道，面对客户，他悉数业主的种种不易，让客户认为自己是占了很大的便宜；面对业主，他又尽数房源的种种缺陷，让业主觉得自己要价太高，“屋”非所值。这样一来，买卖双方很容易达成合意的结果。

重点提示

1. 趋利避害是人的本性，如果让买卖双方有吃亏上当的感觉，那么很不利于交易的成功。

2. 如何让客户觉得“屋”有所值，让业主觉得“屋”非所值？“远交近攻”是一个不错的应对策略。

打消客户与业主私下交易的想法

很多客户出于自身利益的考虑，常常会有跳单的想法和做法。因此，客户偷偷给业主递纸条的现象屡见不鲜。为了维护自己的利益，房地产销售员要懂得巧妙处理这种棘手的问题。如果当场戳穿，客户很有可能会因为面子问题恼羞成怒，最终失去成交机会。最明智的做法还是软硬兼施，先用公司规定“不允许买卖双方在签约前互留电话为由拿过纸条，继而透露自己的苦衷，希望客户能尊重自己的劳动成果。

有一句话说得好:“与其补救于已然，不如防范于未然。”无论“面子工程”做得多么娴熟周全，当场拆穿“递纸条”这一行为总是有些不妥，所以销售员应该要做好事先防范工作，提前打消客户与业主私下交易的想法方为上策。

一般来讲，销售员应该把防御的重点放在客户身上。为了防止跳单，销售员可以告诉客户业主是自己的亲戚或者朋友，打出人情牌彻底阻断其私下交易的念想。当然，面对业主同样也可以使用此法。

房地产中介是一个既费体力又费脑力更费眼力的职业。在防止跑单的过程中，没有经验的销售员经常会有一些错误应对，下面我们总结和分析一下，以供大家借鉴。

1．直接告诉买卖双方，公司规定看房当场不能谈价

有一句话叫：“事不关己，高高挂起。”如果销售员只是单纯地站在公司的立场上禁止买卖双方私下交易，或者按照看楼书和委托书的条款约束他们，一定是收效甚微的。而且客户和业主也会认为你不信任他们，从而对你产生不满。

2．只给其中一方“打预防针”

所谓“打预防针”，就是看房前先同买卖双方沟通，告诉他们在看房过程中应该注意的相关事项，包括看房当场不能谈价、不要把对房子的喜恶明显地表露出来、双方不能互留名片或联系方式等。为了获取应得的劳动报酬，房地产销售员要做好充分的防范。若只给其中一方“打预防针”，另外一方趁机谈价议价，会影响签单的进度。若“双管齐下”，打好买卖双方的“预防针”，就可以有效地防止他们在看房过程中私自谈价，架空中介，最后做出有损害房中介利益的事情来。

当然了，让客户了解这些注意事项时，一定要掌握语言技巧，不同的表达形式有不同的表达效果。表达的时候要表示自己是站在他们的立场上为他们考虑的，告诉他们直接谈价有可能会导致哪些不良的后果。为了增加说服力，可引用其他类似的真实案例，让客户对此事有一个更加真切的认识。

情景案例

吴女士是房地产销售员小迪的一位客户，她们二人相约礼拜五九点到××小区看房。到了看房的前一天，小迪给客户和业主分别拨了一通电话。

小迪："吴女士，明天我们去看的这套房子的业主是我朋友的亲戚，挺好相处的。还有一点我要提醒您一下，我带您看房时不要表现出过多的喜欢或不满，否则不利于您以后谈价。如果您看完后对房子有什么意见，您直接跟我说，我去和他洽谈。如果您看中了房子，我也会帮您争取一个好价钱的。"

客户："谢谢你。"

小迪："张先生，明天来看房子的那位客户是我邻居的一个妹妹，她为人挺善良的，也讲信用。对了，看房的时候最好不要有太多家人在场，以免显得太过拥挤，这样可能不利于客户对房屋的整体感知。如果客户对您的房子有一个好印象，您也能争取到一份好价钱，对吧？"

业主："你想得真周到，谢谢提醒啊。"

为了防止客户和业主私下交易，销售员小迪在看房之前做了防范。她分别向买卖双方表明了自己和对方沾亲带故的关系，打消了他们私自联系的念想，而且还站在他们的角度，告知了一些看房的注意事项，既有效地预防了跳单，又让双方对自己充满了感激之情，同时还提高了销售的效率，可谓是一举多得。

重点提示

1. 客户和业主私下交易不仅会阻碍签单的进程，更为严重影响销售员应得的利益，因此需要提前给买卖双方"打预防针"。

2. "打预防针"要讲究方法和策略，只有站在买卖双方的立场上"扎针"，才能起到预防跳单的作用。

快速逼定不能随便乱用

快速逼定是一种常见的营销技巧。它的目的是运用一定的技巧和方法，在适当的时机促进客户成交。不过“君子藏器于身，待时而动”。销售员使用快速逼定的技巧也要把握好时机，如果条件不成熟就随便乱用的话，到头来一定会落得鸡飞蛋打，两手空空。

美国著名推销高手乔·吉拉德说过:“争取成交就像求婚，不能太直接，但你必须主动。”虽然说销售员需要主动出击，但是把握好时机也很重要。没有求婚创造成熟的条件，直接成婚必定大受阻碍。没有进入逼近条件直接对客户“霸王硬上弓”，一定不能达到理想的效果。

通常来讲，二手房销售进入逼近环节的条件是:明确客户有购买的动机;房源满足客户需求；购房有优惠的价格空间。因此，销售员在使用逼定之前需要了解客户的意向和需求，制定有效的解决方案，了解客户的购买信号，把握好成交的时机，方能旗开得胜，加快签单的速度。

那么如何准确识别客户的信号呢?根据客户反应，判断客户意向，询问客户价格。一般情况下，如果客户在房屋停留的时间较长，对房屋的缺陷提出意见，主动对房屋的装修、家具摆放发表建议，征求旁人的意见，主动询问价格浮动及过户贷款问题，只要他具备以上诸多行为当中的其中一项，我们就可以认为客户对房屋初步产生了购买意向。

客户的需求是其购买产品的主要动因。销售员倘若能洞察客户的购房需求，并且满足其心理需求，然后以优惠的价格提出成交，让他有种占到小便宜的欣喜，这样客户被逼定的时候才不至于产生排斥，甚至反感的情绪。

快速逼定在使用时不仅需要把握好合适的时机，而且还要了解使用的十大禁忌，否则随便乱用会让销售员彻底失去客户。

1. 碰到客户就沉不住气，一副急于求成的样子，殊不知“心急吃不了热豆腐”，急于求成反而会让客户觉得你挖了个坑正急着等他往里跳呢！

2. 客户问底价，就以为成交在即，甚至主动献上折扣优惠条件，降低后还征询对方是否满意，但是你可知这样的做法会给客户一种房屋降价空间很大的错觉。

3. 一味强调房源的优势，对房屋的缺陷视而不见。通常情况下，客户对房源的缺点闭口不谈并不意味着他没有发现问题。如果销售员一味地“报喜不报忧”，那么在他的眼里你就不够坦诚，诚信度也会有所下降，购买意识也会跟着降到最低点。

4. 因客户未提房源的缺点，而沾沾自喜，这是一大失策。永远不要质疑客户挑毛病的能力，客户不提并不代表他对房子百分百满意。

5. 谈话侧重大道理：不接地气的书面化、理论性的论述，会让客户感觉其建议可操作性不强，或者根本听不明白，从而产生抗拒心理。

6. 客户一说“我回去考虑考虑”“我先和家人商量商量”，脸色就明显不悦，说话态度一百八十度大翻转。

7. 喜欢反驳：不断打断客户谈话，对每个异议不是想办法化解，而是直接反驳，最终惹恼了客户，黄了签单。

8. 不会问问题，按照自己的一套销售说辞自说自话，完全不顾及客户的需求。

9. 谈话无重点，闲言碎语一箩筐，谈不到真正的重点上来，客户无法获得自己想要了解的有效信息，白白浪费了有限的交流时间。

10. 假装自己很有权力，打肿脸充胖子，乱开空头支票，逼定时答应一些自己办不到的事项，为后续的签单埋下很多隐患。

总之，不论做任何事情，都要讲究一定的方式方法。销售营销中的快速逼定也不例外，无章无法，随意乱用是不会有好结果的。

情景案例

黄先生和萨女士是某房地产公司的准客户。他们刚刚大学毕业没多久，过段时间打算结婚。小两口打算结婚之前在家里老人的帮助下凑钱买一套二手房。前几天在销售员王浩的带领下，相中了一套 ×× 小区两居室的房子，但是由于价格的原因，这对准客户迟迟下不了购买的决心。

为了早日拿到客户的签单，王浩决定使出绝招——快速逼定。首先，他了解黄先生和萨女士是想买房自住，有一次性付款的购买力，总价在 60 万元左右。在以前带看房屋的过程中，小两口不住地点头，对该房的户型和地段也较为满意。该房型的优点经过他的充分渲染，客户已动心。于是他心里暗暗决定一定要把握好这次成交机会。

“你这价格还有优惠吗？”小萨问道。

“不好意思，经过好几次洽谈，业主已经做出很大的让步。”王浩坚定地说。客户听完有点不舒服。

王浩继续说道：“你们也知道，那个房子周边政府正在规划建设，准备在那里建一个火车站，所以升值的空间很大，所以很难说服业主降价。”

两位有些失望，“不会吧，难道一点让步的空间也没有？”

“一分价钱一分货，这您肯定了解。优惠我已经帮您争取到最大了，而且火车站一旦建起来，周围的功能设施肯定会逐步完善。出行方便，四通八达，生活便利，而且那么关键的位置，房屋的升值空间也很大。”王浩回答道。

客户皱了皱眉。

“但如果你可以一次性付款……”王浩故意停住。

客户明显情绪激动。

“房主说了，9.5 折，但签合同时房款需一步到位。”接着王浩坚定地说。

“你觉得怎样？”小黄侧头面向小萨笑着问。

“要不这样吧，咱们再回去商量商量，毕竟买房子是一件大事，得要爸妈同意才行。”小萨回答道。

王浩突然提高嗓门：“黄先生，萨小姐实话跟你们说吧，这房原本早就卖出去了，但后来由于原来的那个客户的资信程度不好，没法按揭，又没法一次性付款，所以才有的。房东为了避免以后出现这种麻烦，所以愿意打折一次性全款出售。我们有十几个同事在销售，说不定下午就卖出去了。”

“不会吧？这房子这么抢手？”两人微皱着眉头，显得比较紧张的样子。

“要不这样，你给你爸妈打个电话，问一问他们的意见。过了这村就没这店了。”王浩再次催促。在长达半个多小时的电话沟通之后，客户决定一次性付款，定下该房。

快速逼定需要建立在了解客户购买需求之上。此外，客户还要发出一定的购买信号，这样销售员才能发出最后的攻势——逼定。案例中，销售员首先了解客户购房自住的需求和购买能力，经过其一番优势渲染，房源居住条件完全满足了客户的需求。接着销售员在捕捉到客户的购买信号之后，开启逼定模式。

在为客户争取价格优惠的时候，让其看到一分让价五分努力的不易，从而有效遏制了其多要折扣的想法。待到客户露出欣喜之色，销售员又配合一些逼定语言，最后一举促成签单，可谓是有章有序、有勇有谋。

重点提示

1. 快速逼定是产品介绍转化成实际交易关键的一步，也是促成最后签单的重要手段。

2. 快速逼定需要讲究方式方法，使用之前必须满足逼定的先决条件，否则随便乱用是达不到理想效果的。

找其他“同盟军”说服客户

对于初次置业的客户而言，买房没有多少经验，为了避免上当受骗，常常携带自己的亲友团帮忙把关。面对七嘴八舌的混乱局面，销售员以寡敌众，局势非常不利。“智者当借力而行，慧者运力而动”。销售员若是能够借力打力，销售任务就变得简单很多。

房地产销售员在面对一对多的局面时，一定要注意把握以下三点：

1. 利用刚好在场的人

销售员将客户的朋友、下属或者同事通过一定的技巧和方法引向自己的立场或不反对自己的立场，这样会促进销售的进度。无数销售实例也表明，将客户的亲友团发展成自己的“同盟军”，然后再反过来说服客户的话，对销售成功有很大帮助。优秀的销售员会把心思多一些用在怎样笼络刚好在场的客户的亲友团身上。如果客户信任的人都说“这套房子条件很好，挺值的”的时候，那就不会有问题了。相反地，如果有人说：“这样的房子还是算了吧。”那么客户购买的决心一定会被动摇。因此，找好“同盟军”，保持统一战线很重要。

2. 分清同行人中各自扮演的角色

居住者对房屋的优缺点最为在乎，因此销售员一定要积极引导，最大限度地满足其需求；手握家庭“财经大权”者说话分量很重，也是销售员真正的衣食父母，因此需要热忱相待；对于同行的参谋者，其意见对于购买决策也有一定的影响，所以不可怠慢。

3. 以大局为前提，以决策者为重点，各个击破

在二手房销售过程中，达成交易是工作的最终目标，在这个大前提下，销售员要察言观色，比权量力。先从意识薄弱的人入手，获得其认可，然后借助这个人去说服其他人。当然了，还要高度重视对购房有绝对决策权的人的不同意见。销售员针对这些不同意见要在表现出同理心的同时，采用利益补偿法来进行弱化和转移其关注点。

总之，二手房销售把握好战略战术非常关键。销售员为了改变势单力薄的不利局势，需要找其他的“同盟军”一起并肩作战，这样说服客户的胜算就会大很多。

情景案例

范先生是销售员小姜的准客户。今天，他拖家带口地集体出动，物色新家。一行五六人，七嘴八舌、浩浩荡荡，着实给小姜带来了很大的心理压力。不过待小姜摸清楚其基本情况之后，内心就淡定了很多。

范先生是家里的独生子，结婚之后有一份收入不错的工作。此次买房，父母帮其付首付，剩下的房款由范先生和妻子按揭还完。

小姜：“范叔叔，您儿子之前了解过这套房子，对房子各方面的条件都还挺满意的，不知道您觉得怎么样？”

范父：“嗯，这房子看着还不错，就是价格有点贵，我们没有那么多钱。”

范先生：“对啊，小姜，能不能便宜一点？”

小姜：“叔叔，相信你们也知道，210万元已经是业主最后的心理价位了。这也是我争取了好多次业主才勉强同意降到这个价格的。您看这房子户型多好啊。坐北朝南，采光条件好，而且非常宽敞，三室两厅，就是一家三代居住也不拥挤，您也不用担心阴暗潮湿的问题。楼层不高，下楼遛弯运动晒太阳也方便。对吧？”说完，他微笑着把视线转向了身边的其他人，范先生的母亲、妻子也附和小姜不住地点头称是。

范父：“听着不错，但是在价格上能不能再优惠一点，我们目前预算不多，只准备了100万元。”

小姜：“这个价格真的不能再少了。上个月我们在这个小区也成交了一个二手房，户型、结构和咱们这里的差不多，不过离马路很近，都以212万元成交的。您也知道靠近马路灰尘多，噪声也大。而您这房子处于中间地段，避免了这些问题，所以这个价格一点都不亏。付全款不够的话，您家可以考虑按揭贷款。范先生年轻有为，工作能力又强，用不了几年就还完了，对吧？”

范父：“那容我们一家人再商量商量。”接着，一家人七嘴八舌地围在一起讨论起来……

30分钟之后，范先生代表一家人正式表达了购买的决心，并且打算约好房主一起签订合同。

通常情况下，经济地位决定家庭地位。因此，对于二手房的推销，销售员首先将介绍重点对准客户的爸爸，因为他是付首付的人。一旦取得客户爸爸的认可，签单就成功了一半。

同时，小姜也没有完全冷落身边的其他人，在房屋介绍的时候，顾及其他的感受。为了争取二老的同意，小姜故意着重强调出一家三代共享天伦的居住环境；为了说服大家相信“屋”有所值，小姜还搬出上个月成交的个案。小姜能够说服客户，最终顺利完成销售任务，与其“同盟军”有莫大的关系。

重点提示

1. 荀子说过：“君子善假于物”。聪明的销售员善于“结盟”，借助外力说服客户，加快签单的速度。

2. 销售员要想摆脱以一敌多的不利局面，找“同盟军”必不可少。此外，销售员还要分清同行中每个人物的角色扮演，从薄弱处着手，各个击破。

让客户明白“和家人商量”不能没完没了

“和家人商量”是很多客户婉拒销售员常用的借口。据调查显示，只有10% 的可能是客户真的有跟家人商谈的需求。对于购房客户来讲，“和家人商量”代表两种意思：我买房前需要家人财力上的帮助，或者我需要参考一下家里人的意见；另外一种就是拒绝购买或者推迟购买的借口。

针对这种情形，销售员首先对客户的做法表示理解，然后通过询问或者其他方式判断客户说辞的真实性。如果是真的，那么销售员需要给客户营造一种房源抢手，户型畅销的紧迫感，令其尽快和家人商议之后早做打算；如果仅仅是拿“和家人商量”做挡箭牌，其真实的目的是想争取更多的优惠，或者是持观望态度，那么销售员不妨在允许的范围内适当做一些让步，以促使其快速做出购买决定。

以下销售话术可供大家参考（语气要诚恳、缓和，以防客户反感）：

1. “您的爱人也许比您更喜欢，您想啊，一个女人最大的安全感就是有一个属于自己的家，您说她能不乐意买吗？何况我们的房子各方面条件都这么好。”

2. “大哥，的确，您觉得买房是件大事，您孝顺老人，想尊重他们的意见也无可非议，但是毕竟房子是您住，您有您的想法和要求。再说年龄上有代沟，有时候他们喜欢的，您不一定喜欢，最后还是得听您的。您说是吗？”

3. “如果是钱不够，他们或许在经济上可以帮您分担一些，但是房子还是要你们定，因为月供要你们自己承担，而且房子是你们自己住，还要你们自己喜欢，如果父母同意了，但不符合你们的居住要求你们也不会买的，对吧？其实你们把该考虑的问题已经考虑得很全了，就算你们和父母商量，他们肯定也没什么意见，您说是吗？”

4. “既然是您住，又是您花钱，那么话语权应该在您手里，父母看见您有一个真正属于自己的家，也会全力支持您的！您说是吗？”

5. “家里人又不了解情况，等您商量好了，恐怕是早就被别人买走了，您又得花大量的时间去找房，找一个合适自己的不容易，小心错过了后悔。”举客户见证……

6. “他们目前在不在北京？”“您还有哪些方面的顾虑呢？是钱的问题吗？”

7. “大哥，天下哪有父母不希望自己孩子幸福快乐，您满意他们就高兴。你觉得不是吗？”

总之，不管“和家人商量”的说辞真实与否，销售员都要想方设法说服客户尽早购买，否则没完没了的商量会严重影响销售的进度。

情景案例

销售员："王先生，这房子真不错，您也是找了3个多月才碰到各方面都比较满意的房子！"

客户："我还是想和家人商量商量。"

销售员："王先生，这样的房源真的很稀缺。业主委托我们一挂牌，就有很多客户上门咨询，就明天我的一个同事就约了六对夫妻一起看房。您是运气好，赶在他们前面了，我担心您这一犹豫，房子就被别人抢先买下了。"

客户："可是……"

销售员："（客户话没说完，设计客户来电铃声响起）噢，张先生啊。您有什么事儿？对，确实有这个房子，但现在看不了了，现在我和一位客户正在房子里商谈，估计很快就能定了，我再给您留意其他的吧。"

客户："你们的房子既然这么抢手，那我赶紧跟老婆商量商量，毕竟这么贵的价钱，我一个人做不了主。"

销售员："王先生您说这房贵，不妨翻看一下我们的成交记录，这是上个月的成交订单，两万二每平方米，您看它的楼层朝向，都比不上您现在的这个房子，但价钱都比您的要贵！"

客户：（真诚地说）"买房子是大事啊，我也得让家里人来看一下。"

销售员："好房不等人。这样吧，您现在赶紧和爱人通个电话，把情况跟她说一下，如果错过了这房子，您和家人肯定会遗憾的。"

面对客户一再的推脱，销售员设计来电为客户营造了一种房源畅销的假象，这无疑像一服催化剂，让客户有了一种紧迫感。判断出客户真的有和家人沟通的需求，销售员并没有"霸王硬上弓"，步调有进有退，避免了客户的反感。此外，翻出以前的成交订单是为了让客户相信自己并没有吃亏上当，从而坚定购买的意向。这样，即便是家人商量之后，反悔的可能性也不是很大。

重点提示

1. 没完没了的“和家人商量”是促成签单的一大障碍。

2. 面对客户“和家人商量”的说辞，销售员首先要辨明真伪，其次要给客户制造一种房屋畅销的紧迫感，从而加快其购买的步伐。

冷静应对其他经纪人和律师的干扰

二手房交易额较大，客户为了避免风险，往往不会只盯着一家房地产中介，又或者他们为了安全起见，在签字的关键时刻，请律师朋友前来助阵。因此，销售员在促成订单的关键时刻，很有可能碰到其他销售员或者是律师的干扰。对于房地产销售新手而言，他们的存在会给自身造成一定的心理压力，但是对于一个身经百战、训练有素的顶级高手来说，是绝对不会露怯的，沉着冷静、有条不紊才是他们的销售风格。

我们常说“狭路相逢勇者胜”，这里的“勇”并不是匹夫之勇，更不是用带有攻击性的话语，诋毁其他的竞争对手。倘若把其他销售员说得一无是处，整个房地产行业形象在客户的心中岂不是一钱不值？作为房地产行业一个小小的组成部分，试想行业混乱不堪，恶名远扬，自己又有多少赚钱的机会？更何况诋毁别人的行径本身就很惹客户反感。因此，对于销售员而言，路遇劲敌，攻击诋毁别人实为下策，最冷静最理智的方法是把握客户需求，用自己房源的优势吸引客户的注意力，通过宣扬自己的优点和使用谈判技巧诱导客户做出判断。

至于律师，讲话看似滴水不漏、能言善辩，其实他和你并没有什么利益冲突。销售员没必要怀有一种敬畏心理，处处示弱，只要本着公平公正的原则，维护好客户应得的利益，满足客户购房的需求，这位“陪审员”一般是不会给签单带来什么不利的影响的。当然了，倘若销售员能以虚心谦卑的姿态向其请教，再适当地向其示以钦佩、赞美之意，他很有可能因为极度爆棚的自尊心和虚荣心变成你的“同盟军”，帮助你坚定客户购买的意志，促成最后的签单。

情景案例

销售员王斌是某房地产公司有名的金牌销售员。他的成功就在于能说会道，沉着冷静，总能恰到好处地满足客户的需求，恰如其分地接待好客户的朋友，让人们对他充满了好感和信任。他的业绩在公司一直遥遥领先，别人很难望其项背。

一天，王斌和一位女客户约好签单的时间，但是见面的时候又多了一位客户的朋友。

客户：“小王，我来介绍一下，这位是李律师，也是我的好闺蜜，她的水平很高的。”

王斌赶紧迎上去说：“李律师，您好！您可真厉害，从小我的愿望就是当一名精明干练、能言善辩的大律师，只可惜自己天分不足，梦想破灭。如果我以后有客户想要咨询或者请教法律方面的知识，不知道能否打电话联系您，请您帮忙？这是我的名片，您能否也给我一张名片？”

李律师一听，眉开眼笑，主动地把名片递到王斌手里。并且，在签合同的过程中，李律师也表现得很中肯，一切交易活动都水到渠成。

赞美是人际交往的润滑剂，每个人都希望被别人赞美，被别人肯定，律师也不例外。案例中，销售员王斌就很好地利用了这一心理，以真诚赞美和虚心请教的姿态应对这位把关者，既拓宽了其人际关系，又获得客户及朋友的好感，其签单之路自然畅通无阻。

重点提示

1. 沉着冷静地应对其他经纪人和律师，不要让他们的干扰阻碍了你签单的进程。

2. 一个理智冷静的销售员面对竞争对手能够从容不迫，凸显自己的优势，博得客户的信赖；面对律师，能够不卑不亢、虚心求教、适当赞美，赢得其好感。

客户无休止的“比较”是一种陷阱

在二手房销售过程中，有些客户明明已经对房屋动心了，但是还是想再比较比较，迟迟不能下决心购买。对此，销售员首先要摸清客户比较的根本原因，然后再对症下药，做出针对性的引导。

客户“比较比较”原因之一：他在别的房地产公司有中意的房子，可能价格问题一直没有谈拢，一时之间犹豫不决。

对于这种情况，销售员应该巧妙引导客户说出其中意房源的基本情况，然后将竞争房源的明显优势毫不避讳地说出来，但最关键的还是要指出该房源的不足之处，必要时将两处房源对比，从而凸显自己的优势。

客户“比较比较”原因之二：客户做事小心谨慎，想进一步观察总结，多看多比较，以免自己下决定太早而吃亏。

对待此类客户，销售员需要营造出一种房源很抢手的氛围，让其把握好时机，当心错失良机，后悔不已。

客户“比较比较”原因之三：客户还在观望市场行情，并没有出手购买的打算。

对此，销售员应该从其关注的市场行情出发，引用权威专家的看法，让客户认识到现在就是出手的最好时机。一旦客户观望的态度有所动摇，销售员立即趁热打铁，促使其交付定金。

总之，客户“比较比较”不管是出于什么样的原因，销售员都要积极主动地加以引导，否则客户长时间陷入“比较比较”的泥沼中，很难促成签单。

情景案例

销售员：“李先生，您感觉这房子怎么样？”

客户：“嗯，看着还不错！”

销售员：“要是您觉得满意，我现在就把业主叫过来，咱们定下来。”

客户：“不急，我还想再比较比较。”

销售员：“李先生，看得出您也很喜欢这套房子。但是您还想再比较一下，是不是在别处还有看过的中意的房子？”

客户：“不瞒你说，我前段时间在××中介看过一套房子，与这套差不多，所以我还想再多点时间比较一下，看看哪个更划算一些。”

销售员：“那您方便告诉我是哪个小区的房子吗？”

客户：“××小区，15楼，也是大户型。其他的都还挺满意的，就是楼层有点高。”

销售员：“嗯，那个小区确实地段很好，出行也方便，而且坐北朝南，也是您理想的户型，但是正如您所说，那套房子楼层太高，您家里有老人，他们上下楼很不方便，即便是有电梯，他们岁数大了，身体也受不了。而且如果我没记错的话，15 号楼处于临街的位置吧，您还得当心灰尘和噪声。”

客户：“嗯，我也是出于这方面的考虑，所以犹豫着没有买下来。”

销售员：“我觉得咱们现在的这套房子挺合适您的，楼层不高，正适合有老人的家庭居住，而且小区的绿化面积大，空气也清新，老人出来散散步，锻炼锻炼，对身体多好啊！最关键的是它处于中心位置，您也不用担心有街上的噪声吵到老人休息。”

客户：“我承认这套房确实不错，但就是价格贵了点，不知道能不能再优惠一点。”

销售员：“李先生，这已经是市场价了。这是我们的成交记录，您看这套房地段和户型都比不上这边，还卖到 120 万元呢。要不这样，我把房主约出来，咱们坐下来当面谈谈？”

客户：“那也行。”

对于买房这样的大事，几乎所有的客户都会顾虑重重，再三比较。案例中的客户就是这样，迟迟下不了购买的决定。对此，销售员通过巧妙引导掌握了竞争房源的基本信息。俗话说：“知己知彼，百战不殆。”销售员采用了“先扬后抑”的方法，分析了竞争房源的优劣，然后和自己的房源对比，凸显自身的优势，将客户的注意力吸引到自己的房源上来。

重点提示

1. 客户无休止的“比较比较”会耽误签单的速度，阻碍成交的进程。

2. 面对客户的再三比较，销售员首先要弄清楚其比较背后真正的原因，然后做针对性的引导，帮助其走出“比较比较”的泥沼。

第十章
佣金的落实及合同签订

在经历过搜集房源、带看客户、卖力营销和讨价还价等辛苦付出之后，销售员终于迎来了属于自己的“丰收季”，也就是佣金的落实和合同的签订。在这个二手房交易的最后阶段，销售员千万不能放松警惕，收取佣金要讲究方式方法，既要守住自己的底线，同时又可以恰当地给客户一些优惠。此外，在签订合同的时候，相关的注意事项也不能轻视，维护好买卖双方的利益，这样才不会因小失大。

佣金收取要及时、谨慎

荀子说过：“凡百事之成也，必在敬之；其败也，必在慢之。”对待自己应得的利益，销售员不应有丝毫的怠慢。收取佣金既要及时，又不能鲁莽，保持谨慎、认真的处事态度，才能在职场上走得更稳更踏实。

有些客户做事可能比较警惕敏感，所以会有“过完户给佣金”的想法。对此，销售员决不能听之任之，坚决拒绝客户的任何借口，及时地维护自己的劳动成果。

及时收取佣金的话术示范和追讨策略：

A：这是行业规定，您去哪家公司都一样，签完合同就得付佣金。我们公司品牌这么好，在行业和客户中一直非常讲信誉，您还担心什么呢！

B：（哀兵策略）李姐，您不知道我们干销售的保底工资不高，一个月才800元，您要是不付佣金的话，我下个月房租也交不起了，就得露宿街头了。

C：（月底时）您现在刷了，那这个月我们店就是全公司的最佳团队，那最佳团队为您服务您是不是觉得很好呢？我们全店的人都会感谢您的。

D：（施加压力）按照公司规定签约当日您就得付佣金，否则这单子无法上交给总部，我们后续工作也无法顺利开展了。

销售员收取佣金不仅要及时，而且要谨慎。有的客户拒不配合，步步紧逼。比如，他罗列了一大堆中介签约后不认账的“罪状”，然后盛气凌人地问一句：“要是过不了户，你们退佣金吗？”这个时候，销售员如果一冲动，随便乱承诺，有可能给自己惹来很大的麻烦。常言道“饭可以乱吃，话不可以乱说”，所以这时销售员一定要谨慎措辞，保持中立的回答，谨防对方钻了语言的漏洞，做出有损公司和自身利益的事情来。当然，如果是自身的责任，也要勇于承担，这笔佣金是可以退给客户的。

话术示范：“如果是因为我们的过失导致您无法过户的话，我们必然会一力承担，全额退款。如果是买卖双方有一方没做到位而导致过户延迟，我们也会从中积极协调，按照以往的案例情况，过户从来没有出现过什么差池。我们肯定会全力以赴，关键是双方也要积极配合办理。”

总之，收取佣金既要有及时争取的勇气，又要有谨小慎微的处事态度，如此才能维护好销售员自身的利益。

情景案例

客户：“佣金先给你一部分，等过完户再给你剩下的。”

销售员：“张姐，按照惯例佣金是签完合同后就必须全部交付的，说实话即使您刷了佣金我也发不了工资的，必须等到我们的服务任务全部结束才能下发。另外，假如在过户当中出现一些需要我们来承担的责任时，总不能什么都没收就承担吧，这对我们来说也是不公平的，而且我郑重向您承诺：如果因为我们的错误导致您过不了户，我们一定会如数退还的。”

客户：“我怎么知道你说的是真的还是假的？”

销售员："大姐，如果我们公司经常干损害人家正当利益的事儿，法律早就让我们关门大吉了。您说对吧？既然您在我们这买的房子，也就是相信我，相信我们公司。那您就把佣金刷给我们吧，也省的您再跑一趟。"

案例中，对于客户"先交一部分"的请求，销售员及时地以"按照惯例佣金是签完合同后就必须全部交付的"说法给予回应。为了让客户打消顾虑，销售员还郑重做出承诺。当然了，也有一些比较特殊的情况，客户就是坚持要过户后再给。这时，销售员要谨慎处理自身和客户之间关系，以防破坏了和谐的谈话氛围。

重点提示

1. 客户出于种种顾虑，可能会有延迟交付佣金的打算。对此，销售员要及时追讨、谨慎收取。

2. 及时收取佣金需要懂得使用一些销售话术和方法策略，这样才能有事半功倍的效果。

佣金收取中的异议要耐心解释、沟通

二手房中介是一个服务行业，因此每一个销售员都需要培养不厌其烦、循循善诱的沟通技能。面对客户或业主关于佣金的各种异议，首先要沉得住气，即便是对方的要求再过分，言辞再激烈，销售员也应该保持理智的头脑，耐心地给其解释清楚，急躁和冲动是解决不了任何问题的。

针对佣金收取中的具体异议，以下的销售话术给大家一个解释和沟通的参考思路。

1．你们的佣金能打折吗

这意味对方不打算给销售员前期的辛苦奔波全权埋单。此时，不要委屈，不要着急，也许这只是客户的一种试探呢，所以销售员在耐心解释的同时要学会转移话题。

A：故作惊讶地回答：打折？××先生，都是这样，3%是行情。就小公司打折，但服务、安全都保障不了。咱先看房，主要是房子满意比什么都强。

B：我们公司非常注重服务的品质，我一定努力从找房、房价、售后服务等各个方面让您满意，让您觉得这点服务费没有白花。咱们先去看房好吗？

C：我的服务一定让您觉得值得付我3%的佣金。

D：我用心帮您谈房价，竭诚为您服务，保证交易的资金、法律安全，相信比什么都强，您说呢？一分付出一分收获，我们在努力给您提供安全保障的同时也希望获得应有的报酬，希望您理解。

2．我朋友刚买了一套房子，你们公司收了2个点，你们不给我优惠我就不签了

针对此类言辞激烈的客户，“不签就不签”一句狠话甩在对方面前，结果保住了“面子”丢了“里子”，最终损失最大的还是销售员自己。对此，一个有职业素养的销售员总是能第一时间冷静地整理自己的思绪，找到应对之策，然后耐心地与其沟通周旋。

A：很坚定地回答：不可能。

B：我们店是全公司的品牌服务冠军店，所以佣金肯定是不打折的。

C：那可能是之前那个销售员的服务没有让您朋友满意所以才打折扣的。我们服务肯定不一样，房子我帮您找到非常好的，房价也尽量帮您争取，服务也会做得非常周到，您放心，您一定觉得值，不是打折，我想关键是服务有价值对吧?

D：那您的朋友真是厉害，我们公司是从来不打折的，而且我相信您说的确有其事，但是公司现在有规定不能打折，但既然您朋友也在我们这买的，也是一种缘分，我一定好好跟我们店长和区经理申请一下，我本人没有给您打折的权利。

3．你们没有做什么事情，带我看一套房子就收这么多佣金

客户这样的说法完全否定了销售员的劳动成果，但是大家也不要因此而跟对方急眼，而要耐心地强调自身服务的高效性和专业性。通过你的解释要让他们认识到，中介服务可以帮他们省时省力！而且也正是因为冲着中介优质便利的服务他们才找上门的。

A：那先生您是喜欢我带您看一套房子，您就能买到合适的呢？还是您自己盲目看半年才能买到房子？你找我们公司不也是想短时间内找到中意的房子吗？我们的价值也就在这里。我们帮您搜集、整理、筛选铺天盖地的房源信息也需要花费很多的时间和精力，所以您掏这个佣金一点都不亏。

B：我们提倡的就是专业、高效的服务，这样可以避免浪费您很多的时间与精力。您也许还没有体会到，有很多客户看房时间越长买房就越难做决定，很是痛苦，现在这套房一定是非常适合您的，您相信我没问题的！（可举例说客户看了很多没买到，市场涨了后，没办法就又多花钱买了）

C：××先生，说实话，如果没有这套合适的房子，您就是给我再多的佣金也没有意义，您说对不对？我们的工作就是在短时间内高效地帮您找到合适您的房子，您千万不要因为一点小小的佣金错失一套好房！

4．佣金都交了，为什么还要收过户费、贷款服务费呢

“理不辨不明，事不鉴不清”。正是因为客户对费用有认识的误区，所以销售员应该耐心地跟其解释清楚。解释的重点：各项费用的作用和收取的理由。

示范话术：××先生，这个是您的一个误解。是这样的，佣金是我们业务部提供的居间服务的收费，过户费用是我们后期权证部收的费用，贷款服务费又称作担保服务费，是担保公司从您贷款到放贷款给房主时做担保而收取的费用，咱们这儿是正规的中介公司，不会乱收费用，都是按相关的规章制度收费的。

5．房子不是你们带看的，也收这么多钱

很显然，客户没有弄清楚中介的作用到底在哪里。对此，销售员首先应该耐心地告知客户自身的服务，自身的品牌，自身与房主的关系都是有价值的。总之，一定要打消“不是中介带看就一定要打折”的念头。而且我们要尽快让房东过来谈，顺势搞定客户，如果客户非要纠结于佣金，那就要视当时的局面而定，如果折扣不是太多就可以适当让步，尽快签订合约。

A：（思路：销售公司、销售业主关系）××先生，说实话我们公司和这套房子的房主关系很好，上次没带您看是因为房主正好有事，赶不过来。现在我们经理正在房主家里和房主沟通，等等他们俩就一起过来了，我们尽可能给您争取一个最优惠的价格。这房子也挺抢手的，您肯定知道。咱们别因为一点佣金而因小失大。再说，我们也不希望自己好不容易争取来的单子以打折收场。您说对吧?

B：（思路：无论如何拖住客户，然后顺势签约）××先生，我们还是先和房主见面谈一下吧。现在这个房源很抢手的，还有别的中介的客户也在盯着它，机会错过了可就没有了。佣金这个问题，待会儿按照您的意思，我尽自己最大的努力和店长争取，所以咱还是考虑赶紧把这个房子定下来吧!

您定金带了吗……

总之，在佣金收取的过程中，销售员会碰到来自客户或业主各种各样的异议，有些异议严重地损害到销售员自身的利益，让人觉得很不可理喻。但是不管怎么说，“冲动是魔鬼”。尤其是服务行业，更应该具备沉着冷静、耐心沟通的职业素养。

情景案例

客户：“如果你们佣金不能给我打个折扣的话，我直接去找房主，我有他的电话。”

销售员：“××先生，可能我们前期的服务有些让您不满意的地方，才让您有了折佣的想法。我们的佣金啊，真的是打不了太多的折扣，但我可以保证今后的服务会做得更好。

我也知道您是一个有素质有涵养的人，搞个电话号码肯定不在话下。但我相信您不会这么做的。我相信大哥不会为了这么一点佣金而违背了您自己的原则。××先生，现在您真的可以签了，别再犹豫了。”

客户：“不要给我发好人卡，这佣金实在是太高了，你们自己看着办吧！”

销售员：“如果您真的去找房主了，也没问题，说实话我真的拦不了你，但我依然会去认认真真地做好我的本职工作的！”

上述案例中，面对客户如此无礼的要求，销售员不能自乱阵脚，唯有理智和耐性才是解决问题的最佳之道。首先销售员以退为进，承认自己的不足，承诺售后的服务。为了鼓励客户放弃折佣的想法，断了联系房主的念想，还特意有耐心地夸奖了他一番。当看到客户一副无理取闹的模样，销售员仍然有耐心地告诉他自己随时谨记职业操守，认真服务。如此有诚意的解释和交流相信一定能经得起客户的试探和考验。

重点提示

1. 面对收取佣金中的异议，销售员一定要有耐心地和对方解释、沟通。

2. 落实佣金不仅需要有耐心，更需要良好的沟通技巧和清晰的沟通思路。

对老客户，折扣也要有一定的底线

人们都说："开发 1 个新客户的成本等于留住 1 个老客户 5 倍的成本。"由此可见，老客户是一项非常重要的资源，要想充分发挥其价值，就得适当地给予一些优惠。但是对待老客户，中介的佣金折扣也是有底线的，一味地让步反而会助长其谈价的嚣张气焰，到头来损害了公司和自身的利益。

老客户再次登门拜访对于销售员而言，既是一次机会，又是一次挑战。因为他比新客户更有价格谈判的经验，哪些可以省，具体省到什么程度，他都一清二楚，所以在佣金折扣的谈判过程中，销售员更应该把控好尺度和底线。

第一，绝不轻易让步。一旦发现对方有砍价的想法，要及时遏制。如果轻易就让步了，他只会认为佣金有很多谈判的空间。

第二，把握好让价的时机。成交的时机不成熟，或者成交的可能性不大，是不可以做出让价的承诺。

第三，足够重视。对于那些购房的常客，可以将他介绍给公司的领导高层，这样一来，他们觉得自己很有面子，更愿意与你们这家中介公司加深合作。

总之，"用物过度妨于财，用气过度伤于身"。守好自己的佣金底线，和老客户维持好良好的合作关系，实现双方的共赢才是正道。

情景案例

客户："咱们都合作好几回了，你再给我打点折吧！"

销售员："张先生，我知道咱们有缘分，您也是我们的老客户了，所以在报价的时候就比别人便宜了一些。新客户来根本享受不到这些优惠，不信，您仔细听听那边新客户的谈话，他也正打算要签合同呢。"

客户："你看，咱们已经合作过两次了，你就痛快说吧，你到底能给我优惠多少？"

销售员："张先生，首先非常感谢您能再次选择和我合作，这是对我工作的极大肯定，真的非常谢谢您的信任。我看您也是一个豪爽的人，就不跟您拐弯抹角了，您如果能确定买这房子，我可以帮您再跟我们经理请示一遍，试试能不能看在您是老客户的份上，再优惠一些。"

客户："我肯定要买这房子啊，你看我连定金都准备好了，你要是能再给我便宜一点，咱们立刻成交。"

老客户上门，如何能算好这笔人情账？这对于销售员是一个考验。案例中，对于老客户佣金打折的请求，销售员首先用"缘分"二字回应，巧妙地拉近了双方的距离。通过与新客户的对比，凸显了老客户的"特殊待遇"，既巧妙地回应了客户的请求，又守住了第一道价格防线。最后的价格让步也是建立在客户确定购买的基础之上的，不得不说这是一次成功的议价典范。

重点提示

1. 对待老客户的折扣请求，销售员要守住自己的佣金底线，不要轻易做出让步妥协。

2. 销售员只有把握好成交的时机才能给老客户做出佣金让利的准备。

对斤斤计较的客户一定要有适当优惠

曾经网上有这样一个笑话：来福在楼下饭店吃饭后埋单结账。老板说："207 元，算你 200 元好了。"来福问道："如果 210 元块也算 200 元吗？"老板说："也算。"结果来福说了一句让老板立刻晕倒的话："服务员，麻烦再来一瓶雪碧。"

的确，从这个啼笑皆非的小故事中，就可以看出斤斤计较的人最大的特点就是爱占小便宜，很善于讨价还价，贪小也不失大。斤斤计较的客户在购房的时候力求将房价降到最低，在佣金交付的时候努力争取到更多的优惠，而且是锱铢必较。因此，为了成交的效率，销售员一定要适当地给他们一些优惠。当然这些优惠是建立在佣金底线之上的。此外，在让利的时候，销售员需要讲求技巧。轻而易举的让步会让他觉得还有很大的佣金谈判空间，而一分让利让他看到你十分的努力，这样才能有效遏制他多占小便宜的想法。

情景案例

客户："你们中介费能给我多少折扣？"

销售员："折扣？按照市场的行情，我们只收您 3%，不赚差价。我们公司有严格的规定，任何人都无权私自打折，所以希望您能理解。"

客户："规定是死的，人是活的，规矩还不是人定的？我上街买个菜，两块二的白菜摊主还能给我便宜两毛钱，我买这么贵的房子，你就不能给我优惠点？"

销售员："大姐，您也知道，我们前期帮您找房子，带您看房子，帮您和业主砍价，房价都帮您省出十多万元来了，再加上后期手续跟踪，前前后后辛苦奔波，我们的服务值得您付3%的佣金。很明显，房价是大头，我们的佣金根本无不足道。”

客户：“那不行，如果你不给我优惠，我就不签这个合同。多少也得给我意思意思，要不然你们真的太不够意思了。”

销售员：“大姐，您好幽默。那好吧，我尽量跟经理申请一下，看看能不能给您打个折？”

客户：“这才够意思嘛！”

对于斤斤计较的人来讲，“看到钱没捡上就算丢”，只要碰到任何能占便宜的机会就绝对不会错过。案例中的客户就是这样一位带有幽默细胞且斤斤计较的人，面对销售员的婉言拒绝，她一再提出佣金折扣的请求，不达目的决不罢休。对此，销售员承诺可以努力帮她申请一些优惠，这样既满足其占便宜的心理，又有效地遏制了她多要折扣的想法，一举两得，值得借鉴。

重点提示

1. 基于斤斤计较的客户的心理特质，销售员一定要适当地给他们一些佣金优惠。

2. 让利于斤斤计较的客户，也要讲究方式方法，否则会让客户滋生砍价更多的想法。

签订合同前的准备和注意事项

签单是每一个房地产销售员从事一切销售活动的最终目的。获得签单固然高兴，但是很多签单细节仍然不可小觑。

销售员在正式签署合同之前要做好各种提醒准备：提醒买卖双方准备好签单所需的各项材料，提醒客户准备好定金，提醒买卖双方支付佣金。

销售员在签订合同时需要注意哪些事项?

1．明确活动主体，杜绝无效合同

合同双方当事人都应是完全民事行为能力人，无民事行为能力人签订的合同为无效合同。

在签约前，二手房经纪人应该先确认签约双方是否为完全民事行为能力人。一般来讲，买卖双方肯定都在 18 周岁以上，所以都属于完全民事行为能力人。

如果碰到买卖双方不能到场亲自签约，委托代理人代签的情况，销售员一定要确保这个代理人也具有完全民事行为能力。并且代理人必须出具房屋所有权人或房屋购买人本人签字的授权委托书或经公证的授权委托书，否则代为签约的合同为无效合同。

2．保证交易资金的安全

交易资金的安全是客户最为担心的问题，所以，销售员要做好这方面的工作。而且国家也在政策方面做出了规定，比如，在北京市住建委发布的《关于做好存量房交易服务平台扩大试点工作有关问题的通知》中明确规定为了确保存量房交易资金的安全，凡买卖双方通过房地产经纪机构达成交易的，将强制实行交易资金监管资金，监管的形式包括：建委监管、理房通、光大银行四方监管、银行三方托管、融信托管。因此，房地产销售员应该加强对买卖双方的督促作用，以全力配合国家的政策法规，从而保证房屋权属和资金安全。

3. 保证合同中房屋信息的准确性

合同正文的第一条内容规定了房屋基本情况，其中房屋的物业、地址等信息是空白内容，需要在签单时手动填写。对此，房地产销售员一定要着重提醒买卖双方在填写合同信息时，房屋基本信息一定要按照房本的内容一字不差地抄写，凭记忆填写或随意发挥都是不对的，有选择的内容要在所选内容前划“√”，在不选的内容前全部划“×”，督促双方在空白的地方都划上。

4. 在合同里注明具体的交房时间和物业交割时间

合同的第六条第一款第三项规定了出卖方将房屋交付给买受方的时间，很多有经验的销售员在此处划“×”或者填写“见补充协议规定”。但是本文要提醒大家的是补充协议里并没有关于交房时间的规定，而只是规定了物业交割时间。从法律意义上来讲，物业交割时间和交房时间是两个不同的概念。因此，销售员一定要注意提前协商好明确的交房时间，并认真填写在合同里，这样就可以规避双方因为交房时间的问题发生纠纷。

5. 一定要约定好户口迁出迁进的问题

户口的迁出迁入是二手房交易过程中的一个大问题，尤其是选购学区房的家长们尤为重视。但是房子买完了，户口真的可以顺利地迁出迁入吗？一旦产生分歧，会给买卖双方带来不必要的麻烦：对于客户来讲，虽然成为房子的主人，但是户口问题得不到解决，孩子上学也耽误了，肯定会非常生气；对于业主来说，房子虽然卖了，但是户口还是迁不出去，也是相当烦恼。作为提供居间服务的房地产销售员，为了避免买卖双方出现这种不必要的麻烦，也为了保护自己不被卷入纷争，一定要在签约前解决好户口迁出问题和违约赔偿事项。

总之，合同的很多细节密切关系着买卖双方的利益。为了避免自己将来陷入房地产纠纷的烦恼，销售员一定要多多留意签约的注意事项，事先做好提醒监督工作。

情景案例

李女士通过某中介公司购买了一套学区房。在签订房屋买卖合同的时候，房主和中介公司的人都说该房子过户没有任何问题，但是合同签订后，这家中介公司才在社区查到该房产内另有一家的户口挂在里面，这样一来导致李女士的户口无法迁入，她孩子上学的事情也一拖再拖。为此，李女士真的是苦闷极了。

当时签订合同的时候，上面写着“甲方有义务将户口迁出”，而且表明了具体的迁出日期。但是直到现在已经逾期多半年了，原来的房主还没有把户口迁出去，李女士多次电话联系，房主一直拒接。李女士在一怒之下将房主和中介公司都告上了法庭。

维护买卖双方正当的利益是每一个房地产公司应尽的责任。根据上述案例的描述，经手房屋交易的房地产中介的行为明显属于失责。姑且不论法院的判决结果如何，中介公司会承担什么样的责任，光公司的形象和声誉就会受到严重的影响。由此可见，签订合同时注意细节问题非常关键。

重点提示

1. 签订合同前，二手房销售员应该给买卖双方提供相关的提醒服务。

2. 为了避免将来卷入纠纷，销售员在三方签订合同的时候应该注意很多细节问题。

第十一章
完美服务要做好售后工作

良好的售后服务是树立公司品牌和传播公司形象的重要途径，也是提升公司竞争力的一大重要因素，因此，销售员需要充分认识到售后服务的重要作用。售后的具体工作包括：管理过客，虚心采纳客户意见，恰当处理好客户的抱怨、投诉和理赔，妥善解决好房价下跌引起的矛盾等。如果销售员能顺利完成这些任务，必将赢得客户的口碑，为自身和公司树立良好的形象。

管理好过客才能有新的顾客

俗话说：“开发十个新客户，不如维护一个老客户。”过往老客户的转介绍率对销售员业绩的提升具有非常重要的作用。因此，有经验的房地产销售员通常很会发展和维护自己的人际关系，也善于管理自己经手的客户。如果能给这些过客留下好的口碑，他们往往能给销售员带来新的顾客。

如何管理过客才能激发其人际关系的力量，进而带来新的客源呢？以下几点管理建议可供广大二手房销售员参考。

1．注重客户细分工作

在客户回访之前，要对客户进行细分。划分的标准有很多，比如客户的来源、客户性格等，销售员可以根据自己掌握的实际情况具体划分。等细分工作完成以后，对不同类别的客户再制定不同的服务策略，这样可以有效提高服务的效率和质量，进而提升过客对中介销售的好感度。

2．明确客户需求

客户的需求是销售的核心，只有明确其需求，然后恰到好处地予以满足，才能更好地赢得他们的认可和肯定。最好在客户需要找你之前，进行回访，这样更能体现出你对他的重视和关怀，他也会因此而备受感动，心甘情愿地给你带来新的顾客。

销售员回访的任务就是了解客户对自己推荐的房源感觉如何，对公司和销售员有哪些建议和想法。而回访的意义是要体现自身的服务，维护好与老客户的关系，了解客户想什么，要什么，最需要什么，销售员需要客户的配合，来提高自身的服务能力，从而吸引更多的新客户。

3．确定合适的客户回访方式

客户回访的方式多种多样，但是从实际的操作效果看，电话回访结合当面回访是最有效的方式。

（1）定期做回访：这样可以增进与客户之间的感情，提升其满意度，在树立公司品牌的同时，也为进一步吸引新客户打好感情的基础。定期回访的时间要有合理性。如以客户咨询后一周、一个月、三个月、六个月……为时间段进行定期的电话回访。

（2）回访要有诚意：回访发现问题及时解决，这样可以让客户感觉到回访的诚意。当客户反馈出问题时，一定要及时给予解决方案，最好在当天或第二天帮客户把问题处理好。

（3）节日回访：一些特殊节日是回访客户的最佳时机，祝福的话语可以与客户建立沟通的桥梁，加深与客户的亲和关系，让客户感觉到一种优越感。

4．抓住客户回访的机会

回访过程中要了解客户对中介公司服务的满意程度，找出服务过程中存在的问题；虚心接受客户对本公司的系列建议；有效处理回访资料，从中改进自己工作中的不足之处；准备好对已回访客户的二次回访。通过客户回访不仅解决问题，而且加深客户对房地产中介的信任，为下一步的转介绍提供了可能。

5. 回访时有效地选择时间段

追踪回访要选择合适的时间。有的客户上班，有的客户无业，对不同的客户要采取不同的电话回访策略。

上班族：早上电话回访肯定不合适，因为早上是他们最忙的时候。一般来说，他们是没有工夫认真交谈的。中午也不是最佳时机，由于中午吃完饭就是午休时间，所以打扰别人休息肯定会招来厌恶反感的。那什么时间是最佳时间段呢？根据销售员的经验显示，这一类客户通常在晚上 19:00 ～ 20:00 是比较闲的，此时正是他们一天当中最为放松的时刻，这个时段沟通效率更高一些。

无业族：一般来说无业族客户早上都在睡懒觉，这个时候你的一个电话很有可能成为他们情绪爆发的导火索。晚上也不合适，因为晚上他们通常都约了一帮朋友在外面喝酒聊天，没有心思接你的电话。午后才是通话的最佳时间。

在给客户电话之前首先要明确自己的意图和目的，拿起电话不加思索拨过去是达不到笼络过客、招揽新客的目的。

总之，销售员应该制定好完善的回访计划，何时对何类客户作何回访以及回访的次数一定要心中有数，当然问题的核心是“做何回访”；不断地更新数据库，并记录详细的回访内容，如此循环便使客户回访制度化；不断地总结经验教训，拓展自己的人际关系，日积月累的客户回访将会给你带来新的顾客，销售业绩也将大大提升。

情景案例

销售员小芳和王阿姨是在一次二手房交易过程中认识的。此后，由于热心肠的小芳积极地帮助王阿姨处理了一些二手房的“后遗症”，阿姨心存感激，于是两人有了频繁的电话往来。

逢年过节，细心的小芳还会编辑短信给王阿姨送上一份节日的祝福。有时寒暄中得知阿姨生病的消息，小芳会抽时间特意跑到医院探望，带上水果和营养品看望阿姨，两人有说有笑，俨然一对母女，就连医院同病房的病人都羡慕不已。因为小芳的细心和体贴，王阿姨一有买房打算的亲戚或朋友，就迫不及待地把他们推荐给小芳，就这样小芳半年之内，招待了王阿姨介绍来的十几个准客户。

天上没有掉馅饼的好事，任何事情都需要自己努力经营。案例中，销售员小芳如果没有前期对人际关系的辛苦经营和管理，怎么会轻易获得客户的转介绍呢?

重点提示

1. 管理好过客是二手房销售员售后服务的一项重要内容。

2. 对过往客户的管理包括划分客户种类、明确客户需求、把握好回访时机等几项重要内容。

对成熟公司，售后服务比新的成交更重要

“打江山容易，守江山难”。如果一个成熟的房地产公司发展到一定的规模，拥有丰富的客源和良好的口碑，那么一定要转变自己的经营模式和经

营理念。有时候“守好自己的江山”比“开辟新的疆土”更为重要，做好售后服务比新的成交更为重要。

人们常说，开发一个新客户的成本大约是维护一个老客户成本的5倍，由此可见售后服务是多么重要。我们生活在服务经济时代，每个人都在享受他人的服务，房地产行业更是需要提供全面优质的服务。但是有些低层次的销售员往往会走入这样一个误区，就认为自己只要做好业务就可以了，售后的服务无关紧要。其实这是目光短浅的具体表现，只顾眼前的利益，舍弃长远的利益很不明智。如果没有一个好的售后服务，对成交客户的建议和抱怨置若罔闻，对该负的责任视而不见，必然会让公司陷入恶性循环，最终导致“门前冷落车马稀”的销售败局。

其实，对于房地产公司而言，每一个单，其实签合同的过程中只是服务的开始，真正的售后服务，就是签下合同以后，双方在履行合同的那一个漫长的过程。而在这个过程当中，买房客户与房地产服务人员还有很多交流的机会，客户对公司的信任关系还需进一步巩固。所以建议广大销售员，不要忽略了售后服务，其实，销售员本人就应该与客户一起，做完整个交易流程的所有手续，这样才能称得上是完美的售后服务。前期销售只是大家寻求到了利益的交叉点后才建立关系的，而售后服务不同，所以销售员应该尽可能地在售后服务过程中多与客户建立信任和感情的桥梁。这样你的资源才会源源不断，取之不竭，用之不尽！

要做好售后服务可以从以下几方面入手：

1. 协助办理各种手续

二手房交易是一个复杂和烦琐的过程，比如：办理过户手续、按揭贷款、房产物业交割等，所以就算是后期有专员处理，作为二手房的中介人平时也应该多与客户沟通，碰到客户不知道、不理解的问题，耐心为其答疑解惑，告诉他具体的流程是怎样的，这样可以免去客户很多的后顾之忧。即使有时候帮不上忙打个电话问候一下："大哥，你的手续办的还顺利吗？有什么不清楚的随时找我。""您搬家的时候叫我一声，我过去帮您"等，这些温暖体贴的问候对客户来讲，未尝不是一种感动，而这种感动也有可能带来新的成交。

2．帮助客户解决疑问

客户虽然购买了房子但未必心里就踏实，房产交易过程中会涉及很多细节问题，当他们碰到困难需要你的帮忙时，一定要竭尽全力帮助客户解决烦恼，因为客户信任你才会找你帮忙。如果你能真诚相助，客户一定会倍加认可，当他身边有亲朋好友需要买卖房屋时，第一时间一定会想到你，"鸡生蛋、蛋生鸡"的情况就会发生在你身上。

3．与客户经常保持联系

交易结束后，要时常与客户保护联系，可以给客户留下深刻的印象。作为房地产销售员，常常会接触到各行各业的人，如果能把每个客户变成自己的朋友、熟人，那么自己未来的人际关系一定会发挥巨大的作用，否则只能每日为开发新客户而忙碌，每天都在新的起点，未必就能取得好业绩。

4．对客户进行服务也要选择好时间点，以达到事半功倍的效果

（1）客户乔迁之日；（2）客户搬家后的第二天；（3）成交满两周时；（4）每隔2～3个月时；（5）特殊日子；（6）客户困难之时。

总之，良好的售后服务是公司转介绍和再盈利的一个关键因素。只要全心全意为客户提供优质的售后服务，他们就有可能给你带来新的客源。

情景案例

小刘是某房地产公司一位90后销售员。他踏实上进，勤奋努力，但是销售业绩一直不理想。每天辛苦地招揽客源，但是真正成交的却没有几个，人们对这个满脸青涩、语气稚嫩的小伙子似乎没有多大的信任。为此，他非常的郁闷。

一天，一位成交过的客户打电话咨询他关于按揭贷款方面的细节问题，他想都没想就以“有事正忙”为由匆匆挂断了电话。这一幕正好被他的销售主管看到了，问明缘由后，主管严厉地批评了他。挨批后的小刘一脸委屈，不服气地说道：“那个客户已经是过去式了，我再怎么认真回答他的问题也是白浪费时间，还不如我利用这个时间准备准备，好好接待我的下一个客户。”

“真是幼稚，果然是‘嘴上没毛，办事不牢’。年轻人总是把问题想得那么简单。我多次跟你们强调不要忽视售后服务，你就是不听，你知道人家小李为什么这半年一直客源不断吗？那是因为人家把每一个客户都当成上帝对待，即便是他的上帝已经成为过去式，他们依然保持密切的联系，一听到客户有困难，小李就热心地给人家帮忙。上个月小李已经接待了七个转介绍的客户了。”

听了主管的一番话，小刘深刻地认识到自己的过失，正是因为自己售后服务的不到位才导致客户信任的缺失，成交率低也是情理之中的事情。

售后服务的优劣影响着客户的满意程度。上述案例中的小刘正是因为没有重视自己的售后服务才导致客源缺失，每一天辛苦开发新客源未必比转介绍的客源成交率高。因此，希望广大的二手房销售员能积极重视售后服务所起的作用。

重点提示

1. 开发新客户的成本远高于维护老客户的成本。因此，对成熟公司，售后服务比新的成交更重要。

2. 要做好完美的售后服务，销售员需要先熟练掌握售后的服务策略和工作内容。

客户的意见和抱怨一定要马上做出回应

二手房交易是一个复杂而又烦琐的过程，销售员精力有限，有的时候不一定能让客户处处都满意，因此客户有点意见、有点抱怨也是在所难免的。出现问题并不可怕，销售员只需积极回应，快速解决问题就可以。如果对客户的意见与抱怨视而不见或者消极应对，那么这个客户会带来很大的裂变效应。据调查显示，一个不满的客户会把他不愉快的经历告诉 11 个人，而这 11 个人中的每个人又会把更糟糕的情况反映给身边的 5 个人。因此，为了自身的品牌形象，销售员必须积极重视客户的意见和抱怨。

客户的意见往往是改进自身工作的“良方”。“良药苦口利于病，忠言逆耳利于行”。客户的“逆耳良言”很有可能就点在销售员的“死穴”上。如果销售员能够高度重视客户的意见，并且能虚心采纳，积极改正，一定能起到亡羊补牢的效果。此外，能提意见的客户一定是忠诚的客户，销售员应该抱着一颗感恩的心态对待，感谢他对你工作的支持。

对待抱怨的客户，销售员应该秉持着先处理心情再处理事情的原则。首先用足够的耐心、和善的语气安抚客户激动的心情，然后明确客户抱怨的问题，及时记录要点，以寻求补救的措施。待问题解决后，做好回访工作，表达对客户的关怀重视之意。这样才能把抱怨客户转化为忠诚客户，挽救公司的声誉，提升客户对公司的信赖感。

情景案例

一天早上，某房地产公司来了一位怒气冲冲的客户。

客户："把你们的负责人给我叫过来，到底是怎么办事情的！"

销售员："大姐，您先别着急，有什么问题我们肯定尽量帮您解决。这样吧，您先进来，咱们坐下慢慢说。"

客户："你让开，我就找你们这儿的负责人，这是什么办事效率啊？"

销售员看客户这架势，就是主管此刻出现在她面前也无法冷静下来，于是借口主管外出有事，先把客户请进办公室，客气地奉上一杯茶，待客户冷静下来再问明原委。客户解释完毕，才发现这是一个误会：原本说好贷款审核最迟昨天就可以下来，但是由于银行的网络系统出现问题，客户迟迟收不到回复，情急之下，认为是中介办事不力，于是怒气冲冲地跑过来质问。在了解完情况之后，客户自己都觉得不好意思了。

处理客户抱怨是一件非常谨慎的事情，一旦行为失当，有可能进一步激化客户当前的矛盾。上述案例中的销售员为了不再进一步刺激客户的情绪，借故主管外出，先把客户请进来喝茶，以平复其激动的情绪。待客户情绪平静下来，立即问明原委，解决问题。全程冷静沉着、礼貌相待，一步步化解了客户的抱怨，给客户留下一个很好的印象。

重点提示

1. 对于客户的意见一定要积极采纳，并表示感谢，这样有利于工作的进步。

2. 面对客户的抱怨，第一时间安抚其情绪，然后积极寻找解决之策，争取把客户的抱怨转化为客户的忠诚。

处理客户投诉的回应步骤分解

在二手房交易过程中，如果销售员售后服务不到位，很有可能引来客户的投诉。为了维护公司的信誉，销售员一定要认真处理好客户的投诉事件。

在处理客户投诉中，一般有以下几个步骤。

1. 了解客户的投诉点

在处理客户投诉过程中，第一步是倾听客户的投诉点，充分了解客户的不满之处。有许多中介人员在处理客户投诉时，往往还不清楚对方有什么不满，就急着把自己撇得干干净净，或者是挑剔客户的错误，坚持认为不在自己的职责范围之内。这种处理客户投诉的方式不仅不能有效解决投诉问题，相反还会加重客户的怨气，最终激化双方的矛盾，造成无法挽回的后果。

2. 分析投诉的原因

导致客户投诉的原因有很多，有些可能是中介人员的失误，有些可能是客户本身的失误。中介人员在弄清楚客户投诉的具体内容之后，需要对投诉点仔细分析，进一步确认造成客户不满的原因。

3. 提出有效的解决办法

如果证实客户投诉是由于中介人员的疏忽造成的，那么房地产公司需要提出切实可行的解决办法。倘若一味地遮掩推诿，或者不愿意承担责任，其行为无异于掩耳盗铃，最终将会给自身造成巨大的名誉损失和财产损失。

4．做好投诉追踪服务

客户的投诉得到有效的解决之后，销售员还需要跟踪服务，以明确客户对解决方案满意与否。如果客户仍有怨言，中介人员需要继续改进，争取将客户的不满情绪降到最低点；如果客户满意处理的结果，销售员仍然需要再次为给客户带来的不便表示歉意，并且向客户表决心，让客户知道自己会努力改进工作，这是维护客户的一个重要技巧。

对待客户的投诉，良好的处理结果，可以重新获得客户的信赖，维护了公司的形象和口碑，所以大家一定要把握好处理的态度和技巧，争取把“危机”转化为“契机”。

情景案例

王杰是入职某房地产公司不到3个月的一名新同事。初来乍到，经验匮乏，好不容易才促成了一单交易，上个星期刚帮客户办完了过户手续，眼下终于可以松一口气了。为了庆贺自己首战告捷，王杰特意请了假叫上好朋友们出去胡吃海喝一天。

谁料，正当王杰举杯同庆之际，一个投诉他的电话怒气冲冲地打到经理的办公室。

客户：“你们房地产公司太黑心了，怎么能这么没有责任心呢？”

经理：“先生，不好意思，请问您贵姓呢？”

客户：“我姓张。”

经理：“张先生，对不起，请问您为什么生这么大的气？”

客户：“我上个星期在你们这儿买了一套二手房，昨天刚刚住进了，卫生间里面的水管子就漏水了，我打电话给之前负责的王杰，他居然说和他没有关系，让我自己想办法解决，你说这像话吗？买前买后大变脸啊！”

经理：“张先生，真是抱歉，您反映的情况我已经记录下来了，我会立刻找人调查，了解核实情况，然后尽快给您一个满意的答复，3 天后我们会主动和您联系。也谢谢您对我们公司的评判和监督，我们今后一定会加强公司员工的管理工作，避免出现这样的问题。”

客户：“这还差不多，但愿像你说的那样，给我尽快解决掉，否则我会投诉到底的！”

经理：“发生这样的事情真的很抱歉，我们一定会郑重对待这件事情，积极协助您解决问题，您就放心吧，谢谢您的反馈。”

客户对房地产销售员不满和投诉是常有的事儿。对此，中介公司应该放下个人感情，首先仔细倾听，了解事情的来龙去脉，详细记录，然后找到合理解决问题的方法，最后表达对客户的歉意，以及感谢客户对公司提出的意见。上述案例中的经理就给大家提供了一个很好的示范，面对客户的投诉，有礼有节地化解了客户的不满。

重点提示

1. 客户对投诉的处理结果满意与否直接关系着中介公司的口碑，关系着客户对公司的忠诚度及更多的“回头客”，因此大家要放低姿态，积极处理。

2. 在处理客户投诉中，销售员需要了解一些处理步骤和处理技巧，重新挽回客户对公司的信任。

房价下跌所引起的矛盾要妥善处理

在市场经济的作用下，房价涨跌是一件很正常的事情。但是对于买房客户来讲，房价暴跌就意味着自己损失惨重，白花了很多冤枉钱，为了维护自身的利益，甚至有的人提出了退房的要求。

面对由房价下跌而引发的矛盾，销售员应该如何妥善处理呢?

首先，让客户明白签订的买房合同具有法律效力，退房是不受法律保护的，中介公司也没有给客户经济赔偿的义务和责任。

其次，让客户明白任何投资都是机遇和风险并存，谁也没有办法掌握市场规律，客户应该为自己的购买行为负责。

最后要提醒大家的是，在推销二手房的时候，一定不要信口开河，向客户保证房价只涨不跌，或者向业主保证只跌不涨，这样就可以避免类似的情况发生。

情景案例

客户：“小赵，上次你还告诉我房价没有下跌的趋势，现在怎么跌下去这么多？你知道我得损失多少钱吗？”

销售员：“张先生，不着急，咱们坐下来慢慢说。”

客户：“我上个月不是在你这儿买了一套房子，谁知买完之后，房价狂跌，我可是赔惨了，你赶紧给我退了吧。”

销售员：“张先生，您的心情我能理解，不过这房价涨跌谁也无法精确地预测，这完全是由市场规律决定的，就像超市卖的鸡蛋，今天还4.5元一斤，明天就成了4元一斤，所以涨跌都是很正常的事情。”

客户：“可是，买之前你不是说房价不会跌的吗？”

销售员：“张先生，看来您是有点儿误会。您当时问我房价的走势如何，我也是如实相告。但是其中有很多不确定的因素影响着房价，就连专家也无法精确预测。我只是给您提供了一个参考说法，真正的决策权掌握在您自己的手里。您现在要退，显然不可能，如果按照您的逻辑，是不是房价涨了，我也可以向您要分红？”

客户：“哎，算了，算了，我自认倒霉吧！”

刚买了新房，房价就开始下跌，放在谁身上都不好受。虽然说案例中客户的退房要求确实不占理儿，但是销售员在说服过程中不可过于直白，有理有据地劝说才能化解客户心中的质疑，倘若一味地把责任都推到客户身上，反而会激起他们的逆反心理。

重点提示

1. 房价下跌会引起客户的不满，销售员说服工作要动之以情，晓之以理，妥善化解这一矛盾。

2. 化解房价下跌所引起的矛盾，销售员不可采用过激的语言把责任都推到客户身上，这样只会让他情绪更为激动。

有理有利有节地对待理赔要求

房产交易会牵扯到很多细节问题，一不小心就可能招致客户的理赔索求。如果过错方是中介公司，可以适当地做出一些赔偿。但是要防止客户乘机“敲竹杠”，赔偿活动必须有理、有利、有节地进行，超出了合理的赔偿范围销售员不可轻易允诺。

如果客户的理赔要求在自己的权责范围之内，那么要快速想出一个解决问题的办法，适当的经济补偿可以降低客户的损失，减少其不满的情绪。当客户对解决方法并不认同时，要懂得拿起法律武器维护公司的利益，告诉客户这样的解决方案是合理合法的。如果客户的理赔索求超出了自己的权责范围，一定要及时地交给自己的上级处理，这样处理起来效率会更高一些。

情景案例

客户："咱们签合同的时候说得好好的，5 月月底就可以把过户的问题办理妥当，可是直到现在已经足足延迟了 3 个月了，我们还是没办法住进去。而我们那边租的房子马上就到期了，到时候连个睡的地方都没有了。"

销售员："王先生，真的很对不起，确实是我们的问题导致您一直无法入住，现在经理已经加派人手处理这个事情了，尽量赶在这个月月底处理好。当然对于给您造成的损失，我们也决定按照合同里规定的给您房价 2% 的经济补偿，这个补偿款会尽快划到您的账户里去的。"

客户："就 2% 有啥用，这段时间因为这个事情我跑前跑后，请了好多天的假，绩效奖、全勤奖、年终奖单位都给我扣没了，光这些损失也得两万元钱。"

销售员："王先生，您先别着急，这些补偿金额也不是我们凭空捏造的，而是根据当时的合同要求赔偿的，所以这样的做法合情合理，法律也是认可的。"

客户："但是你们给的也太少了，远远弥补不了我的损失啊！就这点也想打发我？"

销售员：“实在是不好意思，出现这样的情况我们也很内疚。这样吧，我再与我们经理请示一下，看看能不能给您一些别的方面的补偿？”

客户：“那好吧，我等你的消息。”

上述案例中，面对自身的过错，销售员坦诚相认，态度良好，这样可以有效地平复客户的负面情绪。面对客户的索赔无度，销售员并没有轻易做出让步，而是拿具有法律效力的合同说事，有理有据地告诉客户这样赔偿的合理性。当客户的索求超出自身的权责范围，为了息事宁人，销售员选择请示上级领导，申请一些象征性的额外的补偿，以满足客户的心理平衡。

重点提示

1. 处理客户的理赔请求是售后服务的一项重要内容。

2. 面对客户的理赔请求，销售员要有礼有节地对待，既要维护好公司的正当利益，又要巧妙平息客户的不满，争取在双方利益之间找到一个平衡点。

附　录

相关法规1:《中华人民共和国城市房地产管理法》(2009年修正)

第一章　总　　则

第一条　为了加强对城市房地产的管理，维护房地产市场秩序，保障房地产权利人的合法权益，促进房地产业的健康发展，制定本法。

第二条　在中华人民共和国城市规划区国有土地（以下简称国有土地）范围内取得房地产开发用地的土地使用权，从事房地产开发、房地产交易，实施房地产管理，应当遵守本法。

本法所称房屋，是指土地上的房屋等建筑物及构筑物。

本法所称房地产开发，是指在依据本法取得国有土地使用权的土地上进行基础设施、房屋建设的行为。

本法所称房地产交易，包括房地产转让、房地产抵押和房屋租赁。

第三条　国家依法实行国有土地有偿、有限期使用制度。但是，国家在本法规定的范围内划拨国有土地使用权的除外。

第四条　国家根据社会、经济发展水平，扶持发展居民住宅建设，逐步改善居民的居住条件。

第五条 房地产权利人应当遵守法律和行政法规，依法纳税。房地产权利人的合法权益受法律保护，任何单位和个人不得侵犯。

第六条 为了公共利益的需要，国家可以征收国有土地上单位和个人的房屋，并依法给予拆迁补偿，维护被征收人的合法权益；征收个人住宅的，还应当保障被征收人的居住条件。具体办法由国务院规定。

第七条 国务院建设行政主管部门、土地管理部门依照国务院规定的职权划分，各司其职，密切配合，管理全国房地产工作。

县级以上地方人民政府房产管理、土地管理部门的机构设置及其职权由省、自治区、直辖市人民政府确定。

第二章 房地产开发用地

第一节 土地使用权出让

第八条 土地使用权出让，是指国家将国有土地使用权（以下简称土地使用权）在一定年限内出让给土地使用者，由土地使用者向国家支付土地使用权出让金的行为。

第九条 城市规划区内的集体所有的土地，经依法征收转为国有土地后，该幅国有土地的使用权方可有偿出让。

第十条 土地使用权出让，必须符合土地利用总体规划、城市规划和年度建设用地计划。

第十一条 县级以上地方人民政府出让土地使用权用于房地产开发的，须根据省级以上人民政府下达的控制指标拟订年度出让土地使用权总面积方案，按照国务院规定，报国务院或者省级人民政府批准。

第十二条 土地使用权出让，由市、县人民政府有计划、有步骤地进行。出让的每幅地块、用途、年限和其他条件，由市、县人民政府土地管理部门会同城市规划、建设、房产管理部门共同拟订方案，按照国务院规定，报经有批准权的人民政府批准后，由市、县人民政府土地管理部门实施。

直辖市的县人民政府及其有关部门行使前款规定的权限，由直辖市人民政府规定。

第十三条　土地使用权出让，可以采取拍卖、招标或者双方协议的方式。

商业、旅游、娱乐和豪华住宅用地，有条件的，必须采取拍卖、招标方式；没有条件，不能采取拍卖、招标方式的，可以采取双方协议的方式。

采取双方协议方式出让土地使用权的出让金不得低于按国家规定所确定的最低价。

第十四条　土地使用权出让最高年限由国务院规定。

第十五条　土地使用权出让，应当签订书面出让合同。

土地使用权出让合同由市、县人民政府土地管理部门与土地使用者签订。

第十六条　土地使用者必须按照出让合同约定，支付土地使用权出让金；未按照出让合同约定支付土地使用权出让金的，土地管理部门有权解除合同，并可以请求违约赔偿。

第十七条　土地使用者按照出让合同约定支付土地使用权出让金的，市、县人民政府土地管理部门必须按照出让合同约定，提供出让的土地；未按照出让合同约定提供出让的土地的，土地使用者有权解除合同，由土地管理部门返还土地使用权出让金，土地使用者并可以请求违约赔偿。

第十八条　土地使用者需要改变土地使用权出让合同约定的土地用途的，必须取得出让方和市、县人民政府城市规划行政主管部门的同意，签订土地使用权出让合同变更协议或者重新签订土地使用权出让合同，相应调整土地使用权出让金。

第十九条　土地使用权出让金应当全部上缴财政，列入预算，用于城市基础设施建设和土地开发。土地使用权出让金上缴和使用的具体办法由国务院规定。

第二十条　国家对土地使用者依法取得的土地使用权，在出让合同约定的使用年限届满前不收回；在特殊情况下，根据社会公共利益的需要，可以依照法律程序提前收回，并根据土地使用者使用土地的实际年限和开发土地的实际情况给予相应的补偿。

第二十一条　土地使用权因土地灭失而终止。

第二十二条　土地使用权出让合同约定的使用年限届满，土地使用者需要继续使用土地的，应当至迟于届满前一年申请续期，除根据社会公共利益需要收回该幅土地的，应当予以批准。经批准准予续期的，应当重新签订土地使用权出让合同，依照规定支付土地使用权出让金。

土地使用权出让合同约定的使用年限届满，土地使用者未申请续期或者虽申请续期但依照前款规定未获批准的，土地使用权由国家无偿收回。

第二节　土地使用权划拨

第二十三条　土地使用权划拨，是指县级以上人民政府依法批准，在土地使用者缴纳补偿、安置等费用后将该幅土地交付其使用，或者将土地使用权无偿交付给土地使用者使用的行为。

依照本法规定以划拨方式取得土地使用权的，除法律、行政法规另有规定外，没有使用期限的限制。

第二十四条　下列建设用地的土地使用权，确属必需的，可以由县级以上人民政府依法批准划拨：

（一）国家机关用地和军事用地；

（二）城市基础设施用地和公益事业用地；

（三）国家重点扶持的能源、交通、水利等项目用地；

（四）法律、行政法规规定的其他用地。

第三章 房地产开发

第二十五条 房地产开发必须严格执行城市规划，按照经济效益、社会效益、环境效益相统一的原则，实行全面规划、合理布局、综合开发、配套建设。

第二十六条 以出让方式取得土地使用权进行房地产开发的，必须按照土地使用权出让合同约定的土地用途、动工开发期限开发土地。超过出让合同约定的动工开发日期满一年未动工开发的，可以征收相当于土地使用权出让金百分之二十以下的土地闲置费；满二年未动工开发的，可以无偿收回土地使用权；但是，因不可抗力或者政府、政府有关部门的行为或者动工开发必需的前期工作造成动工开发迟延的除外。

第二十七条 房地产开发项目的设计、施工，必须符合国家的有关标准和规范。

房地产开发项目竣工，经验收合格后，方可交付使用。

第二十八条 依法取得的土地使用权，可以依照本法和有关法律、行政法规的规定，作价入股，合资、合作开发经营房地产。

第二十九条 国家采取税收等方面的优惠措施鼓励和扶持房地产开发企业开发建设居民住宅。

第三十条 房地产开发企业是以营利为目的，从事房地产开发和经营的企业。设立房地产开发企业，应当具备下列条件：

（一）有自己的名称和组织机构；

（二）有固定的经营场所；

（三）有符合国务院规定的注册资本；

（四）有足够的专业技术人员；

（五）法律、行政法规规定的其他条件。

设立房地产开发企业，应当向工商行政管理部门申请设立登记。工商行政管理部门对符合本法规定条件的，应当予以登记，发给营业执照；对不符合本法规定条件的，不予登记。

设立有限责任公司、股份有限公司，从事房地产开发经营的，还应当执行公司法的有关规定。

房地产开发企业在领取营业执照后的一个月内，应当到登记机关所在地的县级以上地方人民政府规定的部门备案。

第三十一条 房地产开发企业的注册资本与投资总额的比例应当符合国家有关规定。

房地产开发企业分期开发房地产的，分期投资额应当与项目规模相适应，并按照土地使用权出让合同的约定，按期投入资金，用于项目建设。

第四章 房地产交易

第一节 一般规定

第三十二条 房地产转让、抵押时，房屋的所有权和该房屋占用范围内的土地使用权同时转让、抵押。

第三十三条 基准地价、标定地价和各类房屋的重置价格应当定期确定并公布。具体办法由国务院规定。

第三十四条 国家实行房地产价格评估制度。

房地产价格评估，应当遵循公正、公平、公开的原则，按照国家规定的技术标准和评估程序，以基准地价、标定地价和各类房屋的重置价格为基础，参照当地的市场价格进行评估。

第三十五条 国家实行房地产成交价格申报制度。

房地产权利人转让房地产，应当向县级以上地方人民政府规定的部门如实申报成交价，不得瞒报或者作不实的申报。

第三十六条 房地产转让、抵押，当事人应当依照本法第五章的规定办理权属登记。

第二节 房地产转让

第三十七条 房地产转让，是指房地产权利人通过买卖、赠与或者其他合法方式将其房地产转移给他人的行为。

第三十八条 下列房地产，不得转让：

（一）以出让方式取得土地使用权的，不符合本法第三十九条规定的条件的；

（二）司法机关和行政机关依法裁定、决定查封或者以其他形式限制房地产权利的；

（三）依法收回土地使用权的；

（四）共有房地产，未经其他共有人书面同意的；

（五）权属有争议的；

（六）未依法登记领取权属证书的；

（七）法律、行政法规规定禁止转让的其他情形。

第三十九条 以出让方式取得土地使用权的，转让房地产时，应当符合下列条件：

（一）按照出让合同约定已经支付全部土地使用权出让金，并取得土地使用权证书；

（二）按照出让合同约定进行投资开发，属于房屋建设工程的，完成开发投资总额的百分之二十五以上，属于成片开发土地的，形成工业用地或者其他建设用地条件。

转让房地产时房屋已经建成的，还应当持有房屋所有权证书。

第四十条 以划拨方式取得土地使用权的，转让房地产时，应当按照国务院规定，报有批准权的人民政府审批。有批准权的人民政府准予转让的，应当由受让方办理土地使用权出让手续，并依照国家有关规定缴纳土地使用权出让金。

以划拨方式取得土地使用权的，转让房地产报批时，有批准权的人民政府按照国务院规定决定可以不办理土地使用权出让手续的，转让方应当按照国务院规定将转让房地产所获收益中的土地收益上缴国家或者作其他处理。

第四十一条 房地产转让，应当签订书面转让合同，合同中应当载明土地使用权取得的方式。

第四十二条 房地产转让时，土地使用权出让合同载明的权利、义务随之转移。

第四十三条 以出让方式取得土地使用权的，转让房地产后，其土地使用权的使用年限为原土地使用权出让合同约定的使用年限减去原土地使用者已经使用年限后的剩余年限。

第四十四条 以出让方式取得土地使用权的，转让房地产后，受让人改变原土地使用权出让合同约定的土地用途的，必须取得原出让方和市、县人民政府城市规划行政主管部门的同意，签订土地使用权出让合同变更协议或者重新签订土地使用权出让合同，相应调整土地使用权出让金。

第四十五条 商品房预售，应当符合下列条件：

（一）已交付全部土地使用权出让金，取得土地使用权证书；

（二）持有建设工程规划许可证；

（三）按提供预售的商品房计算，投入开发建设的资金达到工程建设总投资的百分之二十五以上，并已经确定施工进度和竣工交付日期；

（四）向县级以上人民政府房产管理部门办理预售登记，取得商品房预售许可证明。

商品房预售人应当按照国家有关规定将预售合同报县级以上人民政府房产管理部门和土地管理部门登记备案。

商品房预售所得款项，必须用于有关的工程建设。

第四十六条 商品房预售的，商品房预购人将购买的未竣工的预售商品房再行转让的问题，由国务院规定。

第三节 房地产抵押

第四十七条 房地产抵押，是指抵押人以其合法的房地产以不转移占有的方式向抵押权人提供债务履行担保的行为。债务人不履行债务时，抵押权人有权依法以抵押的房地产拍卖所得的价款优先受偿。

第四十八条 依法取得的房屋所有权连同该房屋占用范围内的土地使用权，可以设定抵押权。

以出让方式取得的土地使用权，可以设定抵押权。

第四十九条 房地产抵押，应当凭土地使用权证书、房屋所有权证书办理。

第五十条 房地产抵押，抵押人和抵押权人应当签订书面抵押合同。

第五十一条 设定房地产抵押权的土地使用权是以划拨方式取得的，依法拍卖该房地产后，应当从拍卖所得的价款中缴纳相当于应缴纳的土地使用权出让金的款额后，抵押权人方可优先受偿。

第五十二条 房地产抵押合同签订后，土地上新增的房屋不属于抵押财产。需要拍卖该抵押的房地产时，可以依法将土地上新增的房屋与抵押财产一同拍卖，但对拍卖新增房屋所得，抵押权人无权优先受偿。

第四节 房屋租赁

第五十三条 房屋租赁，是指房屋所有权人作为出租人将其房屋出租给承租人使用，由承租人向出租人支付租金的行为。

第五十四条 房屋租赁，出租人和承租人应当签订书面租赁合同，约定租赁期限、租赁用途、租赁价格、修缮责任等条款，以及双方的其他权利和义务，并向房产管理部门登记备案。

第五十五条 住宅用房的租赁，应当执行国家和房屋所在城市人民政府规定的租赁政策。租用房屋从事生产、经营活动的，由租赁双方协商议定租金和其他租赁条款。

第五十六条 以营利为目的，房屋所有权人将以划拨方式取得使用权的国有土地上建成的房屋出租的，应当将租金中所含土地收益上缴国家。具体办法由国务院规定。

第五节 中介服务机构

第五十七条 房地产中介服务机构包括房地产咨询机构、房地产价格评估机构、房地产经纪机构等。

第五十八条 房地产中介服务机构应当具备下列条件：

（一）有自己的名称和组织机构；

（二）有固定的服务场所；

（三）有必要的财产和经费；

（四）有足够数量的专业人员；

（五）法律、行政法规规定的其他条件。

设立房地产中介服务机构，应当向工商行政管理部门申请设立登记，领取营业执照后，方可开业。

第五十九条　国家实行房地产价格评估人员资格认证制度。

第五章　房地产权属登记管理

第六十条　国家实行土地使用权和房屋所有权登记发证制度。

第六十一条　以出让或者划拨方式取得土地使用权，应当向县级以上地方人民政府土地管理部门申请登记，经县级以上地方人民政府土地管理部门核实，由同级人民政府颁发土地使用权证书。

在依法取得的房地产开发用地上建成房屋的，应当凭土地使用权证书向县级以上地方人民政府房产管理部门申请登记，由县级以上地方人民政府房产管理部门核实并颁发房屋所有权证书。

房地产转让或者变更时，应当向县级以上地方人民政府房产管理部门申请房产变更登记，并凭变更后的房屋所有权证书向同级人民政府土地管理部门申请土地使用权变更登记，经同级人民政府土地管理部门核实，由同级人民政府更换或者更改土地使用权证书。

法律另有规定的，依照有关法律的规定办理。

第六十二条　房地产抵押时，应当向县级以上地方人民政府规定的部门办理抵押登记。

因处分抵押房地产而取得土地使用权和房屋所有权的，应当依照本章规定办理过户登记。

第六十三条 经省、自治区、直辖市人民政府确定，县级以上地方人民政府由一个部门统一负责房产管理和土地管理工作的，可以制作、颁发统一的房地产权证书，依照本法第六十一条的规定，将房屋的所有权和该房屋占用范围内的土地使用权的确认和变更，分别载入房地产权证书。

第六章 法律责任

第六十四条 违反本法第十一条、第十二条的规定，擅自批准出让或者擅自出让土地使用权用于房地产开发的，由上级机关或者所在单位给予有关责任人员行政处分。

第六十五条 违反本法第三十条的规定，未取得营业执照擅自从事房地产开发业务的，由县级以上人民政府工商行政管理部门责令停止房地产开发业务活动，没收违法所得，可以并处罚款。

第六十六条 违反本法第三十九条第一款的规定转让土地使用权的，由县级以上人民政府土地管理部门没收违法所得，可以并处罚款。

第六十七条 违反本法第四十条第一款的规定转让房地产的，由县级以上人民政府土地管理部门责令缴纳土地使用权出让金，没收违法所得，可以并处罚款。

第六十八条 违反本法第四十五条第一款的规定预售商品房的，由县级以上人民政府房产管理部门责令停止预售活动，没收违法所得，可以并处罚款。

第六十九条 违反本法第五十八条的规定，未取得营业执照擅自从事房地产中介服务业务的，由县级以上人民政府工商行政管理部门责令停止房地产中介服务业务活动，没收违法所得，可以并处罚款。

第七十条 没有法律、法规的依据，向房地产开发企业收费的，上级机关应当责令退回所收取的钱款；情节严重的，由上级机关或者所在单位给予直接责任人员行政处分。

第七十一条　房产管理部门、土地管理部门工作人员玩忽职守、滥用职权，构成犯罪的，依法追究刑事责任；不构成犯罪的，给予行政处分。

房产管理部门、土地管理部门工作人员利用职务上的便利，索取他人财物，或者非法收受他人财物为他人谋取利益，构成犯罪的，依法追究刑事责任；不构成犯罪的，给予行政处分。

第七章　附　　则

第七十二条　在城市规划区外的国有土地范围内取得房地产开发用地的土地使用权，从事房地产开发、交易活动以及实施房地产管理，参照本法执行。

第七十三条　本法自 1995 年 1 月 1 日起施行。

相关法规 2：《房地产经纪管理办法》（2016 年修正）

第一章　总　　则

第一条　为了规范房地产经纪活动，保护房地产交易及经纪活动当事人的合法权益，促进房地产市场健康发展，根据《中华人民共和国城市房地产管理法》、《中华人民共和国合同法》等法律法规，制定本办法。

第二条　在中华人民共和国境内从事房地产经纪活动，应当遵守本办法。

第三条　本办法所称房地产经纪，是指房地产经纪机构和房地产经纪人员为促成房地产交易，向委托人提供房地产居间、代理等服务并收取佣金的行为。

第四条　从事房地产经纪活动应当遵循自愿、平等、公平和诚实信用的原则，遵守职业规范，恪守职业道德。

第五条 县级以上人民政府建设（房地产）主管部门、价格主管部门、人力资源和社会保障主管部门应当按照职责分工，分别负责房地产经纪活动的监督和管理。

第六条 房地产经纪行业组织应当按照章程实行自律管理，向有关部门反映行业发展的意见和建议，促进房地产经纪行业发展和人员素质提高。

第二章 房地产经纪机构和人员

第七条 本办法所称房地产经纪机构，是指依法设立，从事房地产经纪活动的中介服务机构。

房地产经纪机构可以设立分支机构。

第八条 设立房地产经纪机构和分支机构，应当具有足够数量的房地产经纪人员。

本办法所称房地产经纪人员，是指从事房地产经纪活动的房地产经纪人和房地产经纪人协理。

房地产经纪机构和分支机构与其招用的房地产经纪人员，应当按照《中华人民共和国劳动合同法》的规定签订劳动合同。

第九条 国家对房地产经纪人员实行职业资格制度，纳入全国专业技术人员职业资格制度统一规划和管理。

第十条 房地产经纪人协理和房地产经纪人职业资格实行全国统一大纲、统一命题、统一组织的考试制度，由房地产经纪行业组织负责管理和实施考试工作，原则上每年举行一次考试。国务院住房城乡建设主管部门、人力资源社会保障部门负责对房地产经纪人协理和房地产经纪人职业资格考试进行指导、监督和检查。

第十一条 房地产经纪机构及其分支机构应当自领取营业执照之日起

30日内，到所在直辖市、市、县人民政府建设（房地产）主管部门备案。

第十二条 直辖市、市、县人民政府建设（房地产）主管部门应当将房地产经纪机构及其分支机构的名称、住所、法定代表人（执行合伙人）或者负责人、注册资本、房地产经纪人员等备案信息向社会公示。

第十三条 房地产经纪机构及其分支机构变更或者终止的，应当自变更或者终止之日起30日内，办理备案变更或者注销手续。

第三章 房地产经纪活动

第十四条 房地产经纪业务应当由房地产经纪机构统一承接，服务报酬由房地产经纪机构统一收取。分支机构应当以设立该分支机构的房地产经纪机构名义承揽业务。

房地产经纪人员不得以个人名义承接房地产经纪业务和收取费用。

第十五条 房地产经纪机构及其分支机构应当在其经营场所醒目位置公示下列内容：

（一）营业执照和备案证明文件；

（二）服务项目、内容、标准；

（三）业务流程；

（四）收费项目、依据、标准；

（五）交易资金监管方式；

（六）信用档案查询方式、投诉电话及12358价格举报电话；

（七）政府主管部门或者行业组织制定的房地产经纪服务合同、房屋买卖合同、房屋租赁合同示范文本；

（八）法律、法规、规章规定的其他事项。

分支机构还应当公示设立该分支机构的房地产经纪机构的经营地址及联系方式。

房地产经纪机构代理销售商品房项目的，还应当在销售现场明显位置明示商品房销售委托书和批准销售商品房的有关证明文件。

第十六条 房地产经纪机构接受委托提供房地产信息、实地看房、代拟合同等房地产经纪服务的，应当与委托人签订书面房地产经纪服务合同。

房地产经纪服务合同应当包含下列内容：

（一）房地产经纪服务双方当事人的姓名（名称）、住所等情况和从事业务的房地产经纪人员情况；

（二）房地产经纪服务的项目、内容、要求以及完成的标准；

（三）服务费用及其支付方式；

（四）合同当事人的权利和义务；

（五）违约责任和纠纷解决方式。

建设（房地产）主管部门或者房地产经纪行业组织可以制定房地产经纪服务合同示范文本，供当事人选用。

第十七条 房地产经纪机构提供代办贷款、代办房地产登记等其他服务的，应当向委托人说明服务内容、收费标准等情况，经委托人同意后，另行签订合同。

第十八条 房地产经纪服务实行明码标价制度。房地产经纪机构应当遵守价格法律、法规和规章规定，在经营场所醒目位置标明房地产经纪服务项目、服务内容、收费标准以及相关房地产价格和信息。

房地产经纪机构不得收取任何未予标明的费用；不得利用虚假或者使人误解的标价内容和标价方式进行价格欺诈；一项服务可以分解为多个项目和

标准的，应当明确标示每一个项目和标准，不得混合标价、捆绑标价。

第十九条 房地产经纪机构未完成房地产经纪服务合同约定事项，或者服务未达到房地产经纪服务合同约定标准的，不得收取佣金。

两家或者两家以上房地产经纪机构合作开展同一宗房地产经纪业务的，只能按照一宗业务收取佣金，不得向委托人增加收费。

第二十条 房地产经纪机构签订的房地产经纪服务合同，应当加盖房地产经纪机构印章，并由从事该业务的一名房地产经纪人或者两名房地产经纪人协理签名。

第二十一条 房地产经纪机构签订房地产经纪服务合同前，应当向委托人说明房地产经纪服务合同和房屋买卖合同或者房屋租赁合同的相关内容，并书面告知下列事项：

（一）是否与委托房屋有利害关系；

（二）应当由委托人协助的事宜、提供的资料；

（三）委托房屋的市场参考价格；

（四）房屋交易的一般程序及可能存在的风险；

（五）房屋交易涉及的税费；

（六）经纪服务的内容及完成标准；

（七）经纪服务收费标准和支付时间；

（八）其他需要告知的事项。

房地产经纪机构根据交易当事人需要提供房地产经纪服务以外的其他服务的，应当事先经当事人书面同意并告知服务内容及收费标准。书面告知材料应当经委托人签名（盖章）确认。

第二十二条 房地产经纪机构与委托人签订房屋出售、出租经纪服务合同，应当查看委托出售、出租的房屋及房屋权属证书，委托人的身份证明等有关资料，并应当编制房屋状况说明书。经委托人书面同意后，方可以对外发布相应的房源信息。

房地产经纪机构与委托人签订房屋承购、承租经纪服务合同，应当查看委托人身份证明等有关资料。

第二十三条　委托人与房地产经纪机构签订房地产经纪服务合同，应当向房地产经纪机构提供真实有效的身份证明。委托出售、出租房屋的，还应当向房地产经纪机构提供真实有效的房屋权属证书。委托人未提供规定资料或者提供资料与实际不符的，房地产经纪机构应当拒绝接受委托。

第二十四条　房地产交易当事人约定由房地产经纪机构代收代付交易资金的，应当通过房地产经纪机构在银行开设的客户交易结算资金专用存款账户划转交易资金。

交易资金的划转应当经过房地产交易资金支付方和房地产经纪机构的签字和盖章。

第二十五条　房地产经纪机构和房地产经纪人员不得有下列行为：

（一）捏造散布涨价信息，或者与房地产开发经营单位串通捂盘惜售、炒卖房号，操纵市场价格；

（二）对交易当事人隐瞒真实的房屋交易信息，低价收进高价卖（租）出房屋赚取差价；

（三）以隐瞒、欺诈、胁迫、贿赂等不正当手段招揽业务，诱骗消费者交易或者强制交易；

（四）泄露或者不当使用委托人的个人信息或者商业秘密，谋取不正当利益；

（五）为交易当事人规避房屋交易税费等非法目的，就同一房屋签订不同交易价款的合同提供便利；

（六）改变房屋内部结构分割出租；

（七）侵占、挪用房地产交易资金；

（八）承购、承租自己提供经纪服务的房屋；

（九）为不符合交易条件的保障性住房和禁止交易的房屋提供经纪服务；

（十）法律、法规禁止的其他行为。

第二十六条 房地产经纪机构应当建立业务记录制度，如实记录业务情况。

房地产经纪机构应当保存房地产经纪服务合同，保存期不少于 5 年。

第二十七条 房地产经纪行业组织应当制定房地产经纪从业规程，逐步建立并完善资信评价体系和房地产经纪房源、客源信息共享系统。

第四章 监督管理

第二十八条 建设（房地产）主管部门、价格主管部门应当通过现场巡查、合同抽查、投诉受理等方式，采取约谈、记入信用档案、媒体曝光等措施，对房地产经纪机构和房地产经纪人员进行监督。

房地产经纪机构违反人力资源和社会保障法律法规的行为，由人力资源和社会保障主管部门依法予以查处。

被检查的房地产经纪机构和房地产经纪人员应当予以配合，并根据要求提供检查所需的资料。

第二十九条 建设（房地产）主管部门、价格主管部门、人力资源和社会保障主管部门应当建立房地产经纪机构和房地产经纪人员信息共享制度。建设（房地产）主管部门应当定期将备案的房地产经纪机构情况通报同级价格主管部门、人力资源和社会保障主管部门。

第三十条 直辖市、市、县人民政府建设（房地产）主管部门应当构建统一的房地产经纪网上管理和服务平台，为备案的房地产经纪机构提供下列服务：

（一）房地产经纪机构备案信息公示；

（二）房地产交易与登记信息查询；

（三）房地产交易合同网上签订；

（四）房地产经纪信用档案公示；

（五）法律、法规和规章规定的其他事项。

经备案的房地产经纪机构可以取得网上签约资格。

第三十一条 县级以上人民政府建设（房地产）主管部门应当建立房地产经纪信用档案，并向社会公示。

县级以上人民政府建设（房地产）主管部门应当将在日常监督检查中发现的房地产经纪机构和房地产经纪人员的违法违规行为、经查证属实的被投诉举报记录等情况，作为不良信用记录记入其信用档案。

第三十二条 房地产经纪机构和房地产经纪人员应当按照规定提供真实、完整的信用档案信息。

第五章 法律责任

第三十三条 违反本办法，有下列行为之一的，由县级以上地方人民政府建设（房地产）主管部门责令限期改正，记入信用档案；对房地产经纪人员处以 1 万元罚款；对房地产经纪机构处以 1 万元以上 3 万元以下罚款：

（一）房地产经纪人员以个人名义承接房地产经纪业务和收取费用的；

（二）房地产经纪机构提供代办贷款、代办房地产登记等其他服务，未向委托人说明服务内容、收费标准等情况，并未经委托人同意的；

（三）房地产经纪服务合同未由从事该业务的一名房地产经纪人或者两名房地产经纪人协理签名的；

（四）房地产经纪机构签订房地产经纪服务合同前，不向交易当事人说明和书面告知规定事项的；

（五）房地产经纪机构未按照规定如实记录业务情况或者保存房地产经纪服务合同的。

第三十四条 违反本办法第十八条、第十九条、第二十五条第（一）项、第（二）项，构成价格违法行为的，由县级以上人民政府价格主管部门按照价格法律、法规和规章的规定，责令改正、没收违法所得、依法处以罚款；情节严重的，依法给予停业整顿等行政处罚。

第三十五条 违反本办法第二十二条，房地产经纪机构擅自对外发布房源信息的，由县级以上地方人民政府建设（房地产）主管部门责令限期改正，记入信用档案，取消网上签约资格，并处以 1 万元以上 3 万元以下罚款。

第三十六条 违反本办法第二十四条，房地产经纪机构擅自划转客户交易结算资金的，由县级以上地方人民政府建设（房地产）主管部门责令限期改正，取消网上签约资格，处以 3 万元罚款。

第三十七条 违反本办法第二十五条第（三）项、第（四）项、第（五）项、第（六）项、第（七）项、第（八）项、第（九）项、第（十）项的，由县级以上地方人民政府建设（房地产）主管部门责令限期改正，记入信用档案；对房地产经纪人员处以 1 万元罚款；对房地产经纪机构，取消网上签约资格，处以 3 万元罚款。

第三十八条 县级以上人民政府建设（房地产）主管部门、价格主管部门、人力资源和社会保障主管部门的工作人员在房地产经纪监督管理工作中，玩忽职守、徇私舞弊、滥用职权的，依法给予处分；构成犯罪的，依法追究刑事责任。

第六章　附　　则

第三十九条　各地可以依据本办法制定实施细则。

第四十条　本办法自 2011 年 4 月 1 日起施行。

相关法规 3：《关于房地产中介服务收费的通知》（1995 年修正）

计价格（1995）第 971 号

为规范房地产中介服务收费行为，维护房地产中介服务当事人的合法权益，建立房地产中介服务收费正常的市场秩序，现就房地产中介服务收费的有关问题通知如下：

一、凡依法设立并具备房地产中介资格的房地产咨询、房地产价格评估、房地产经纪等中介服务机构，为企事业单位、社会团体和其他社会组织、公民及外国当事人提供有关房地产开发投资、经营管理、消费等方面的中介服务，可向委托人收取合理的费用。

二、房地产中介服务费收费是房地产交易市场重要的经营性服务收费。中介服务机构应当本着合理、公开、诚实信用的原则，接受自愿委托，双方签订合同，依据本通知规定的收费办法和收费标准，由中介服务机构与委托方协商确定中介服务费。

三、房地产中介服务费实行明码标价制度。中介服务机构应当在其经营场所或交缴费用的地点的醒目位置公布其收费项目、服务内容、计费方法、收费标准等事项。房地产中介服务机构在接受当事人委托时应当主动向当事人介绍有关中介服务的价格及服务内容等情况。

四、房地产中介服务机构可应委托人要求，提供有关房地产政策、法规、技术等咨询服务，收取房地产咨询费。

房地产咨询收费服务形式，分为口头咨询费和书面咨询费两种。

口头咨询费，按照咨询服务所需时间结合咨询人员专业技术等级由双方协商议定收费标准。

书面咨询费，按照咨询报告的技术难度、工作繁简结合标的额大小计收。普通咨询报告，每份收费 300 ～ 1000 元；技术难度大，情况复杂、耗用人员和时间较多的咨询报告，可适当提高收费标准，收费标准一般不超过咨询标的额的 0.5%。

以上收费标准，属指导性参考价格。实际成交收费标准，由委托方与中介机构协商议定。

五、房地产价格评估收费，由具备房地产估价资格并经房地产行政主管部门、物价主管部门确认的机构按规定的收费标准计收。

以房产为主的房地产价格评估费，区别不同情况，按照房地产的价格总额采取差额定率分档累进计收。具体收费标准见附表。

土地价格评估的收费标准，按国家计委、国家土地局《关于土地价格评估收费的通知》的有关规定执行。

六、房地产经纪收费是房地产专业经纪人接受委托，进行居间代理所收取的佣金。

房地产经纪费根据代理项目的不同实行不同的收费标准。

房屋租赁代理收费，无论成交的租赁期限长短，均按半月至一月成交租金标准，由双方协商议定一次性计收。

房屋买卖代理收费，按成交价格总额的0.5%～2.5%计收。

实行独家代理的，收费标准由委托方与房地产中介机构协商，可适当提高，但最高不超过成交价格的3%。

土地使用权转让代理收费办法和标准另行规定。

房地产经纪费由房地产经纪机构向委托人收取。

七、上述规定的房地产价格评估、房地产经纪收费为最高限标准。各省、自治区、直辖市物价、房地产行政主管部门可依据本通知制定当地具体执行的收费标准，报国家计委、建设部备案。对经济特区的收费标准可适当规定高一些，但最高不得超过上述收费标准的30%。

八、各地区、各部门和房地产中介服务机构应严格执行物价部门规定的收费原则和收费标准，切实提供质价相称的服务。凡中介服务机构资格应经确认而未经确认、自立名目乱收费、擅自提高收费标准或越权制定、调整收费标准的，属于价格违法行为，由物价检查机构按有关法规予以处罚。

九、本通知下达以前有关规定凡与本通知相抵触的，一律以本通知为准。

附表：以房产为主的房地产价格评估收费标准计算表

档次	地产价格总额（万元）	累进计费率‰
1	100以下（含100）	5
2	101以上至1 000	2.5
3	1 001以上至2 000	1.5
4	2 001以上至5 000	0.8
5	5 001以上至8 000	0.4
6	8 001以上至10 000	0.2
7	10 000以上	0.1